西南财经大学法学院
光华法学文丛

高晋康　主编

国家治理现代化视野下公众参与国家财政投入监督运行机制研究

陆佳　毛快　游伟　著

本书为作者主持的国家社科基金西部项目《国家财政投入监督的运行机制研究》(10XFX008)的最终成果。

法律出版社
LAW PRESS·CHINA
北京

图书在版编目(CIP)数据

国家治理现代化视野下公众参与国家财政投入监督运行机制研究 / 陆佳, 毛快, 游伟著. -- 北京 : 法律出版社, 2022
(光华法学文丛)
ISBN 978-7-5197-7183-6

Ⅰ. ①国… Ⅱ. ①陆… ②毛… ③游… Ⅲ. ①财政监督-财政法-研究-中国 Ⅳ. ①D922.204

中国版本图书馆CIP数据核字(2022)第191170号

国家治理现代化视野下公众参与国家财政投入监督运行机制研究
GUOJIA ZHILI XIANDAIHUA SHIYE XIA GONGZHONG CANYU GUOJIA CAIZHENG TOURU JIANDU YUNXING JIZHI YANJIU

陆 佳
毛 快 著
游 伟

责任编辑 郑 导 曲 杰
装帧设计 汪奇峰

出版发行 法律出版社
编辑统筹 学术·对外出版分社
责任校对 裴 黎
责任印制 陶 松
经 销 新华书店

开本 A5
印张 8 **字数** 182千
版本 2022年6月第1版
印次 2022年6月第1次印刷
印刷 北京虎彩文化传播有限公司

地址:北京市丰台区莲花池西里7号(100073)
网址:www.lawpress.com.cn
投稿邮箱:info@lawpress.com.cn
举报盗版邮箱:jbwq@lawpress.com.cn

销售电话:010-83938349
客服电话:010-83938350
咨询电话:010-63939796

书号:ISBN 978-7-5197-7183-6 **定价**:68.00元

凡购买本社图书,如有印装错误,我社负责退换。电话:010-83938349

目　录

引　言

党的十八届三中全会提出“推进国家治理体系和治理能力现代化”的全面深化改革的总目标,着重打破既有的以公权力为单一主体的单向维度管制模式与权力中心格局,推动公众对现代公共事务的治理参与,形成公权主体和私权主体的多维交互格局。推进国家治理现代化,需要社会整体法治改革的协同推进,其中,财税领域的法治改革占据“国家治理的基础和重要支柱”的地位,而国家财政投入监督的不力,导致政府组织管理无力,又使国家财政投入监督成为财税领域法治变革的切入点和突破口。公众以个人或者一定集体的名义,通过一定形式参与国家财政投入的前期决策、中期执行以及事后问责等阶段,逐渐改变我国原有的由政府部门独自完成的国家财政投入监督的封闭模式。公众在显性程序上终能不被拒之门外，至少从规范层面上使大众理性加入对国家财政投入监督的"参数"结构中，与"自上而下"的国家财政投入监督形成交涉互动。

本书选择对公众参与国家财政投入监督的运行机制进行研究，一方面从国家治理的角度对公众参与国家财政投入监督进行理论梳理，以期在应然的价值层面树立公众参与财政投入监督的理念；另一方面运用法学研究的方法对公众参与国家财政投入监督进行完整的制度建构，实现其运行机制的法律化设计。如何在国家财政投入监督活动中，赋予相关主体监督参与权，从而改变国家财政投入监督过程的治理格局，成为打破原有国家财政投入监督运行模式的关键布局。公众在公共财政国家既是财政资源供给方，也应是财政资源使用过程中监督的参与者。公众对国家财政投入监督的参与程度以及参与权利实现的水平既是评价财政民主化程度的强力指标，也是测度国家治理中公众参与度的重要指针。

一、国家治理现代化与国家财政投入监督法治化

国家治理是迥异于传统的"管理"与"统治"概念下的一种新型的公共权力运行范式。所谓"治理"，是指"官方的或民间的公共管理组织在一个既定的范围内运用公共权威维持秩序，满足公众的需要。治理的目的是在各种不同的制度关系中运用权力去引导、控制和规范公民的各种活动，最大限度地增进公共利益"。[①] 治理本义上是为政府和市场搭建起一座桥梁，以弥补两种资源配置机制之不足，从而达致"与社会经济发展、政治发展和文化发展要求

① 俞可平：《论国家治理现代化》，社会科学文献出版社2014年版，第22～23页。

相适应的现代治理体制,实现国家治理现代化”。[①]

根据国家的顶层设计,不仅将“推进国家治理体系和治理能力现代化”作为我国全面深化改革的总目标,[②]将其作为统领社会主义制度体系若干重要领域改革的基本依据,而且还确定了评价国家治理现代化的核心标准——国家治理的法治化水平,用以引领依法治国方略的实现。[③] 基于此,有学者指出,“法治是国家治理体系和治理能力现代化的必由之路”,“国家治理体系和治理能力现代化取决于法治体系的成熟定型程度”。[④] “国家治理现代化在本体上和路径上就表现为推进国家治理法治化”,法治既能为国家现代治理提供基本价值指引作用,也是实现国家现代治理的有效工具。[⑤] 因此,要实现国家治理现代化,必须推进国家治理法治化。

作为一项庞大繁复的系统工程,如何入手进行国家治理体系和治理能力的法治化?党的十八届三中全会提出“财政是国家治理的基础和重要支柱”的论断,并指出科学的财税体制是“优化资源配置、维护市场统一、促进社会公平、实现国家长治久安的制度保障”,确立了“财税法治在法治国家、法治政府和法治社会建设全局中的枢纽地位”。[⑥] 这一赋予财税治理法治改革撬动整个国家现代治理变革的定位,打破了原有的固守财税的经济本质的思维拘

① 俞可平:《论国家治理现代化》,社会科学文献出版社2014年版,第4页。

② 参见中共十八届三中全会作出的《中共中央关于全面深化改革若干重大问题的决定》。

③ 参见中共十九届四中全会作出的《中共中央关于坚持和完善中国特色社会主义制度　推进国家治理体系和治理能力现代化若干重大问题的决定》。

④ 马怀德:《法治是国家治理体系和治理能力现代化的必由之路》,载《山西政协报》2019年12月6日,第3版。

⑤ 参见张文显:《法治与国家治理现代化》,载《中国法学》2014年第4期。

⑥ 刘剑文:《理财治国观——财税法的历史担当》,法律出版社2016年版,第13页。

囿,而遵循了财税活动本质上是“一条能够把政府、社会组织和居民个人有效地动员起来,从而实现多元交互共治的最有效线索”的思路。凭借法治手段统辖财政收入、财政支出和财政管理整个过程,合理配置各个主体的权力(利)、义务和责任,是实现财税治理法治化的基本任务。基于财税治理法治化的目标定位,进一步聚焦财税法治体系的内部体系,不难发现国家财政投入监督作为财政治理法治化的重要突破口和切入点发挥着重要作用,关乎国家治理的成败。通过监督国家财政投入,就是将国家各项财政投入纳入透明化、可监督、可问责的范畴,建立起国家与社会公众之间沟通互动的桥梁。①

二、国家治理现代化推动公众参与国家财政投入监督权利的确认

国家治理现代化在国家财政投入监督的语境下有了切实可行的实践路径,同时也为重新审视国家财政投入监督体系的完善方向提供了契机。原有的国家财政投入监督体制的建构与实施主要围绕行政机关的权力配置及行使铺陈。但随着国家治理现代化理念的提出,这一单一线性的封闭监督模式在发生显著变化,开始关注公众参与监督的主体地位并进行监督权利的配置。

公众参与国家财政投入监督定位于实现公共性、受托性和制度性等目标,与原有的行政机关内部满足政府管理需要的自上而下的监督有明显不同。

第一,公共性主要因国家财政投入源于公共财产。其公共财产的属性决定了国家财政投入应当用于提供单纯依靠市场无法有

① 参见高培勇:《财税体制改革与国家治理现代化》,社会科学文献出版社2014年版,第15页。

效提供的公共产品或公共服务，公共性是国家财政投入的本质属性。在现代国家，由政府承担的公共职能日益多元，特别是在我国，既有为经济发展保驾护航的需求，又有聚焦民生福祉的需求。虽然每一种需求最终指向的目标都是公共性福利，但必须承认，每一种需求所代表的利益相关者不同，他们的话语能力也有所差异。因此，除了从整体性上强调国家财政投入的公共性目标外，还应具体划分不同公众群体的利益诉求；除了由公众整体代表的各级权力机关依职权实施国家财政投入的预算审批、预算执行和预算调整等监督外，还应赋予公众个体知悉国家财政投入信息、参与国家财政投入过程监督以及事后监督等权利，从而消除公共性目标下公众个体目标模糊的弊端，确保利益平衡。

第二，受托性是公众参与国家财政投入监督的正当性根基。“作为政治共同体之构建与运转可拟制为一种隐喻性信托关系之上。”①基于此，国家财政投入“乃是委托人（人民）基于对国家的信任而让渡部分私有财产集合成公共经济资源（信托财产），受托人管理、经营、使用以及分配这些公共经济资源实现受益人（人民）的信托利益”。② 因此，赋予公众参与国家财政投入监督恰是源于这一公共财产信托关系的定位。公众参与国家财政投入监督权利，首先是对公众作为国家财政投入财产委托人身份的确认；其次是公众“凭借自身的主观性和能动性，形成与财政权力之间的财政议价格局，对来自财政权力的可能侵犯进行正当防范”的必

① 朱大旗：《现代预算权体系中的人民主体地位》，载《现代法学》2015 年第 3 期。

② 朱大旗：《现代预算权体系中的人民主体地位》，载《现代法学》2015 年第 3 期。

要手段。①

第三,制度性是公众参与国家财政投入监督过程应有的基本方式,它应当是一个体系完整、逻辑自洽、内容明晰的制度框架。公众参与国家财政投入监督运行机制的落实需要按照立法学的逻辑形成规范的金字塔式结构系统,每一层次的立法应根据自身的效力特征,确定特有的规范内容,从最高位阶的《宪法》到财税法之基本法的《税收基本法》等各个位阶的法律、从实体法到程序法对公众参与国家财政投入监督进行全方位的制度设计,从而对公众参与国家财政投入监督法律制度的立法、解释、执法和司法提供可供参考的学理意见。同时,在具体制度构建中,一方面,通过设置"专款专用税制度",将一直被人为分割开的国家财政投入资金来源——税款的征收和使用阶段联结起来,为我国实现公众参与国家财政投入监督提供一种创新性的思路;另一方面,通过改革和重构现有的国家财政投入监督法律制度(《预算法》)和国家财政投入决策执行结果进行监督的法律(《审计法》),希望能渐进地提高作为公众代表的人大和作为辅助公众监督的审计机关在国家财政投入监督中的效率,为最终实现建立"能有效促进政府经济和高效率地使用国家财政投入资金的更高层次监督目标"的公众参与国家财政投入绩效监督法律制度做好制度上的准备。

三、国家治理现代化推动公众参与国家财政投入监督权利的保障

制度性对公众参与国家财政投入监督提出了制度建构要求,进而在对公众参与国家财政投入监督进行全方位法律制度设计过

① 胡明:《财政权利的逻辑体系及其现实化构造》,载《中国法学》2018 年第 1 期。

程中,要兼具公众参与权利的确认、保障与救济,不能只注重公众参与国家财政投入监督权利的确认,而忽视公众参与国家财政投入监督权利的保障与救济。在国家治理现代化视阈下,民主化程度提高,它要求国家事务的治理需要和广泛的公众参与相结合。从根本上来说,推进国家治理现代化,就是要在法治维度上鼓励公民参与国家事务的治理,同时对与公民参与相关的集合性权利进行保障与救济。① 因而,对公众参与国家财政投入监督进行保障和救济理所当然地成为提高国家治理现代化的应有之义。

第一,明确法治保障公众参与国家财政投入监督的理论基础与制度基础。公众参与国家财政投入监督,不仅是新时代全面贯彻落实全过程民主的集中体现,也是在贯彻落实宪法上的人民主权原则和为人民服务原则,在我国是有参与式民主作理论支撑。公众参与国家财政投入监督,不仅是指公民在程序上的参与权,它还包括公民基本人权、知情权、监督权、纳税请求权等诸多权利,本质上是一个权利束,通过对我国现行宪法文本进行教义学阐释,可以为公民在国家财政投入监督领域享有的这种集合性权利找到规范依据。法治具有固根本、稳预期、利长远的基础作用,找准保障公众参与国家财政投入监督的法治脉络,对公众参与国家财政投入监督展开体系化和具体制度设计,构建公众参与国家财政投入监督运行之长效机制,就在上述理论和制度基础上具体展开。

第二,建立公众参与国家财政投入监督的司法救济。公众参与国家财政投入监督,不仅仅是作为民意代表机关的人大及其常委会进行外部监督,也包括行政机关内部的自我监督和审计监督,

① 参见薛澜、张帆、武沐瑶:《国家治理体系与治理能力研究:回顾与前瞻》,载《公共管理学报》2015 年第 3 期。

我们认为还应包括司法为公众参与国家财政投入监督提供相应的权利救济渠道,公众参与国家财政投入监督是集立法、行政、司法于一体的全方位、多层次权利保障格局。在对公众参与国家财政投入监督进行域外探究和本土化考察基础上,凝练出司法为公众参与国家财政投入监督提供权利救济渠道的必要性和重要意义,并着力对纳税人诉讼制度在我国司法场域的构建进行了论证与评估,认为我国司法介入公众参与国家财政投入监督之最佳渠道是由检察机关代表公众,对国家财政投入中的损害国有财产之行为提起行政公益诉讼。

综上所述,国家治理现代化对我国财政治理法治化提出了时代诉求,而作为财政治理法治化重要突破口和切入点的国家财政投入监督肩负着历史重任,要实现国家财政投入监督的规范化,公众参与是不可或缺的一环。在此逻辑演绎下,法治一方面要对公众参与国家财政投入监督的众多集合性权利予以确认,另一方面也要为公众参与国家财政投入监督的众多集合性权利提供保障和救济。总之,国家治理现代化与公众参与国家财政投入监督是良性互动关系,国家治理现代化推动着公众参与国家财政投入监督运行机制的建立与完善,而公众参与国家财政投入监督运行机制的发展与变革又是实现国家治理现代化的必由之路。

第一章 公众参与国家财政投入监督运行机制的理论基础

党的十九大以来，我国加快了国家治理体系和治理能力现代化的步伐，法治国家、法治政府、法治社会的建设迈入新阶段。国家治理离不开人民，人民是国家治理的起点与依归。国家财政投入监督制度，在国家治理中扮演着关键角色；公众以个人或者集体的名义参与到国家财政投入的前期决策、中期执行以及事后问责，能有效提升国家治理体系和治理能力现代化。当前，我国国家财政投入监督领域普遍存在公众参与不足现象，暴露出当前国家财政投入监督领域公众参与的形式化，问题的根源在于我们未对国家财政投入监督的公众参与之理论基础有清晰的认知。公众为何要参与国家财政投入监督？公众凭何参与国家财政投入监督？公众怎样参与国家财政投入监督？这些问题是学者们在面对公众参与国家财政投入监督时就应该重视的，然而，少有学者在反思这些问题的基础上，去探寻解决国家财政投入监督公众参与形式化的法治道路。鉴于此，本章主要从现实必要性、理论正当性和规范合法性等角度，对我国公众参与国家财政投入监督运行机制的理论基础作出阐释，并结合我国实际，对我国公众参与国家财政投入监督运行机制的范畴作出界定，以期为后文探讨如何走出国家财政投入监督领域公众参与形式化僵局奠定基础。

第一节　公众参与国家财政投入监督运行机制的现实必要性

随着改革开放深入和社会转型，新时代我国特色社会主义在政治、经济、社会、文化、生态等方面都取得了长足进步。与此同时，随着社会主要矛盾的转变，我国也面临经济发展不平衡、人口老龄化、生态环境恶化、自然灾害频发、网络犯罪激增等问题。为及时进行风险预防，国家加大了在经济、社会、文化、生态等领域的财政投入，对财政资源进行了合理、有效的分配。然而，我国财政资源主要取之于民，又用之于民，让公众知晓、参与、决定乃至监督财政资源的收入与分配，是人民主权原则的高度体现。公众参与国家财政投入监督有多种途径与方式。新时代随着我国社会主要矛盾的转变，促使公众参与国家财政投入监督的广度与深度也将发生变化，因而在我们探讨如何加强公众参与国家财政投入监督前，应首先明确公众参与国家财政投入监督的现实背景与重大意义。

一、国家财政投入监督运行机制中的公众参与

改革开放以来，随着我国市场经济的不断发展，公民的权利意识逐渐增强，公众参与在我国得到不断的发展。近年来，在我国立法、行政、司法、监察过程中，“公众参与”一词高频出现。然而，公众参与因其“公众”范围有大小、“参与”程度有深浅，是一个十分有争议的概念，所以学者们对此有不同的理解。以国内研究公众参与较有影响力的三位学者为例，俞可平教授将公众参与理解为公民试图影响公共决策和公共生活的一切活动，此为公众参与最广义的概念。① 蔡定剑教授将公众参与理解为公共权力在进行立法、制定公共政策、决定公共事务或进行公共治理时，从公众处获取信息和听取意见的各种行为。该定义包括了立法层面、公共决策层面和公共治理层面，此为广义的概念。② 王锡锌教授将公众参与理解为行政立法和行政决策时，公众提供信息、表达意见、发表评论、阐述利益诉求，即公众参与仅限于行政过程，特别是行政立法与行政决策过程，此为狭义的概念。③ 倘若从三位学者的学科背景出发，可以发现身处政治学、宪法学、行政法学等不同学科领域，对公众参与的理解和界定会有不同，究竟是采广义说还是狭义说，既视学科领域而定，也视研究者而定。

国家财政投入监督，属于重要的国家事务和社会事务；我国现

① 参见俞可平：《公民参与的几个理论问题》，载《学习时报》2006 年 12 月 18 日，第 5 版。

② 参见蔡定剑主编：《公众参与：风险社会的制度建设》，法律出版社 2009 年版，第 5 页。

③ 参见王锡锌主编：《行政过程中公众参与的制度实践》，中国法制出版社 2008 年版，第 2 ~ 3 页。

行《宪法》第2条规定,人民可通过各种途径和形式管理国家事务和社会事务。照理来说,在国家财政投入监督领域,公众参与化程度越高越好。但是,对我国现行《宪法》第2条、第3条以及《全国人民代表大会和地方各级人民代表大会选举法》第3条作一个体系性的解释后,可以发现我国公民并非都直接进行了政治参与。在人民代表大会制度下,公民的很多权利都是由其代表来行使的,因而将公众参与界定为包含政治参与在内的最广义的概念,在我国并不适宜。国家财政投入监督,既涉及事前的预算立法,也涉及事中的财政执行,更涉及事后的责任追究,涵盖了立法、行政、司法、监察等全过程,并非只是简单地对行政机关及其工作人员在行政立法、行政决策乃至重大执法决定领域的国家财政投入资金进行监督与管理,因而将公众参与理解为狭义上的行政过程之监督,在我国也会显得具有片面性。“作为一种制度化的公众参与民主制度,应当是指公共权力在作出立法、制定公共政策、决定公共事务或进行公共治理时,由公共权力机构通过开放的途径从公众和利害相关的个人或组织获取信息,听取意见,并通过反馈互动对公共决策和治理行为产生影响的各种行为。”①立足我国国家财政投入监督运行领域的实际问题,我们认同并借鉴蔡定剑教授的上述观点,将国家财政投入监督运行中的公众参与界定为一种社会管理的民主制度,是指公共权力在制定法律法规、作出行政决策或进行行政管理时,公权力机关打破原有的封闭状态,以开放的姿态让公众参与到公共立法和公共管理中来,让其获取相关信息、阐述意见、参与监督的制度。

科恩认为,民主的广度决定了政策所影响的社会成员或参与

① 蔡定剑:《中国公众参与的问题与前景》,载《民主与科学》2010年第5期。

决策的社会成员的数量或比例;民主的深度是关乎社会成员参与是否充分、完全和真实的问题;民主的范围是指全社会哪些问题是由公众参与决定的,以及公众参与对该问题的决定所起作用的重要性。① 以此为基点,我国公众参与国家财政投入监督的主体为公众;在公共财政模式下,公众本质上是指纳税人。在我国人人都可成为纳税人,凸显出我国国家财政投入监督主体的广泛性。从参与范围来看,我国纳税人可参与到国家征税权行使的各个阶段和环节,既包括税收立法,也包括税收执法,还涵盖税收司法与监察。换言之,国家财政投入决策、国家财政投入管理、国家财政投入问责等都离不开公众参与,可见我国公众参与国家财政投入监督范围之广。公众参与常规方式主要是指合法、直接、主动和公开地参与,有听证、座谈、论证、批评、申诉、控告、检举等多种方式,注重平等沟通与协商、听取公众意见、公权力机关及其工作人员与公众良性互动,使公众的利益和要求切实在财政投入结果中得到体现。我国国家财政投入中的公众参与,是我国民主理论的制度表征,既是我国宪法上民主制度的体现,也是我国宪法上公民权利的表达,能有效规范和控制国家财政投入过程中公权力机关及其工作人员的行为。

值得注意的是,虽然所有公权力机关及其工作人员是我国财政投入的监督受体,但我国现行《宪法》将领导和管理国家财政投入的职权主要赋予了行政机关,行政机关及其工作人员是我们探讨国家财政投入受监督主体的主要对象。由此,公众参与国家财政投入监督运行,是其作为纳税人应有的权利,是对行政机关及其

---

① 参见[美]科恩:《论民主》,聂崇信等译,商务印书馆1988年版,第12~29页。

工作人员使用国家财政投入资金情况的一种监督、控制和限制，构成对行政机关使用国家财政投入资金的外在制约。这种外在制约，既可以以公民个体的方式进行，也可以以公民集体的方式进行。根据公民参与方式的不同，我们将国家财政投入监督运行领域的公众参与界定为两种类型：第一种为广义的公众参与，是指公众依据人民主权原则和宪法上的权利，对行政机关及其工作人员使用国家财政投入资金的过程和结果进行检查和约束的活动，它主要指公民以集体的方式参与的监督；第二种为狭义的公众参与，是指公民个体基于宪法和税法所赋予的权利和其自身高度的责任感，对行政机关及其工作人员使用国家财政投入资金的过程和结果所进行的监督。

二、从"财政国家"向"预算国家"的转变

新时代，社会主要矛盾发生了变化。要解决社会主义矛盾，需要实现国家治理体系和治理能力的现代化。为此，我国需要在许多制度上提升国家治理能力，国家财政制度无疑是一个非常关键的环节，无论何种公共活动都离不开国家的财政支撑。[①] 从财政收入来看，我国现行《宪法》第56条规定，公民有依照法律纳税的义务，而我国的财政收入主要依赖于税收；从财政支出来看，我国现行《宪法》第62条和第67条规定，全国人大及其常委会审查和批准国家预算，财政支出以预算的方式进行，决定权在我国权力机关，执行权在我国行政机关。我国财政收入与支出的宪制安排，是"税收国家"与"预算国家"的结合体，形成了宪法上的"财政国家"。

"财政国家"可分为前端和后端：前端是财政收入的来源，后端

① 参见王绍光、马骏：《走向"预算国家"——财政转型与国家建设》，载《公共行政评论》2008年第1期。

为财政收入的分配。我国 90% 以上的财政收入来源于税收，体现了很强的收入汲取能力，但是，我国通过财政收入分配解决经济社会发展问题的能力却有待提高。财政分配能力最集中的体现就是预算。“公共财政的制度基础是政府预算，公共财政是建立在政府预算基础上的财政制度。从王权控制财政到议会控制财政标志着公共财政的形成，最终成熟的标志是政府预算制度的确立。”①以前，我们关心国家财政从哪里来、怎么来，现在，我们关心国家财政怎么用、如何监督，这体现了我国财政制度的重大转型，即开始由侧重“税收国家”向侧重“预算国家”转变。我国自 1999 年启动预算改革以来，就逐渐迈向了“预算国家”的行列。2007 年王绍光教授首次提出了“预算国家”的概念，将之定义为拥有现代预算制度的国家，即现代预算必须是经法定程序批准的、政府机关在一定时期的财政收支计划。“预算国家”的两个主要特征为财政统一和预算监督。② 笔者认为，“预算国家”的真正含义不在于这个国家是否有详细的收支记录，而是在于国家财政收支是否法治化，即预算是否得到法律的规范和控制。“预算改革的目的是把一个看不见的政府变为一个透明的政府。如果政府收支没有一本账，如果政府收支不受监督，它就是一个看不见的政府。一个看不见的政府，不可能是一个负责任的政府。一个不负责任的政府，不可能是一个民主的政府。要建立一个民主的政府，首先要让它看得见；要让它看得见，它就得有一个统一的、受监督的预算。”③换言之，财政统一和预算监督都应法治化，这才是以财政制度提升国家治理能力的

---

① 王世涛：《财政宪法学研究》，法律出版社 2012 年版，第 258 ~ 259 页。

② 参见王绍光：《从税收国家到预算国家》，载《读书》2007 年第 10 期。

③ 王绍光、马骏：《走向“预算国家”——财政转型与国家建设》，载《公共行政评论》2008 年第 1 期。

长效机制。

财政统一和预算监督法治化，需要根据国家财政的特点而进行。国家财政具有“公共性”和“民主性”。国家财政的“公共性”体现为国家财政既取之于民，又用之于民，并接受公众对国家财政投入的监督。我国的财政收入大多来源于具体的纳税人，财政支出也惠及纳税人，公众作为纳税人最为关心国家财政收入怎么来、如何用，然而我国并未在公众与国家财政收支方面建立起有效的监督关系。《预算法》第91条规定了公民具有检举和控告权。但在我国现行体制下，公众主要是通过其代表在人民代表大会上对国家财政收支进行监督的。至于人大代表能在多大程度上真正代表公众去参与监督，这是所有代议制都面临的问题。尽管我们对选举制度进行完善，但公众参与国家财政预算与决算仍面临一定的困难。“社会成员特别是纳税人最为关心自己缴纳的税款，国家如何安排和使用，可我国的预算法律制度却没有建立起社会成员与预算的直接联系。在这样一个法律背景中，全体社会成员对国家预算了无所知，即使国家预算存在问题，也只能是无可奈何。”①国家财政的“民主性”体现为国家财政属于全民所有，人民拥有对国家财政投入的决定权。依据现行《宪法》和《预算法》，我国的中央预算和地方预算，由各级人民代表大会审查和批准，各级人大及其常委会对本级政府和下级政府预算和决算进行监督，上级政府监督下级政府的预算执行，即我国确立了自上而下的单线性的法律监督体系。但是，我国这种单线性的国家财政监督体系，一方面由于人大会期短、职责多而无法对政府进行有力监督；另一方面由于政府内部本身是行政首长负责制而监督乏力。可以看出，国家

① 王世涛：《财政宪法学研究》，法律出版社2012年版，第262页。

财政的“公共性”和“民主性”，促使我国现行《宪法》和《预算法》建立起了比较完整的对国家财政收支的法律监督体系，但这种法律监督体系割断了公众与国家财政收支之间的直接联系。

国家财政投入，关乎国家安全、社会稳定和人民福祉，其“公共性”和“民主性”决定了必须要最大限度地体现民意，因而必须要有公众参与。纳税人作为国家财政收入的主要提供者，其当然具有参与国家财政投入监督的权利；只有让纳税人参与国家财政投入监督，人民是国家的主人才能得以体现。当下，我国公民的权利意识不断增强，只有让公民切身参与到国家事务和社会事务中，公民才能体会到自己是国家主人翁的地位。故而，在新的时代背景下，拓宽公众参与国家财政投入监督的渠道，构建起相应的公众参与国家财政投入监督运行机制，具有十分重要的意义。不仅在宏观上符合推进国家治理体系和治理能力现代化的时代潮流，也在中观上符合加快财政治理法治化建设的要求，更重要的是，在微观上对公民基本权利的具体实现提供了法律机制保障。总之，随着新时代我国由“财政国家”向“预算国家”的转变，国家财政收支亟须法治化，法治化必须让公众参与到国家财政投入监督中来，以实现民主价值。

三、从“自上而下”向“上下结合”的转变

我国当前具备了座谈会、讨论会、专家论证会、听证会、公开征求意见、立法调查等多种公众参与的形式，但仔细考察我国立法文本与社会实践，可以发现这种公众参与带有明显的“自上而下”的色彩。这种“自上而下”的公众参与模式，侧重于公众的“有序”参与，相比之前的盲目参与或无序参与是一种极大的进步，但参与的实质效果如何却没有成为关注的重点。“不少立法尽管明确规定

在制定行政立法和行政决策的过程中应当通过听证会、论证会、座谈会等形式听取公众意见,但很少有立法对于公众在参与过程中的法律权利和他们参与的效力做出明确规定。最后造成的结果是,听证会举行了,座谈会召开了,行政立法和行政决策仍然按照行政机关预设的模样进行。"[①]综观我国国家财政投入监督运行机制,事实上我国大多数公众参与国家财政投入监督的试验都是由上级或当地党委决定的,然后自上而下地推行,而非由公众自发、由下而上地参与,而且整个参与过程都是在地方行政机关的主导之下进行;这样大大地减损了公众对财政投入决策的影响力,公众仅仅起到了咨询和顾问的作用,实质上最终对财政投入结果发挥的作用是有限的。

习近平总书记在党的十九大报告中提出要健全人民当家作主制度体系,发展社会主义民主政治。发展社会主义民主政治就是要体现人民意志、保障人民权益、激发人民创造活力,用制度体系保证人民当家作主。可以看出,新时代对民主政治提出了新的要求。这意味着作为民主政治重要环节的公众参与需要进行理论更新,新时代的公众参与不仅仅是形式上的参与,更要对结果产生实质性的影响;不仅要"自上而下"推动公众参与,也要为"自下而上"的公众参与提供法治渠道,真正让公众的意志在立法和决策结果中得以体现。如前文所述,我国当前的国家财政投入监督是自上而下的法律监督体系,此种监督体系存在监督乏力的弊端。随着新时代我国政府职能的转变,服务型政府被摆在了突出的位置,政府职能的转变意味着政府"领导"和"管理"各项事务的方式也将发

① 王锡锌主编:《行政过程中公众参与的制度实践》,中国法制出版社2008年版,第12页。

生改变，亦即在国家财政收支领域，我国的公众参与方式需要发生转变。事实上，为克服“自上而下”的公众参与模式所带来的实效性不强的弊端，近年来我国多起社会影响力较大的事件促发了公众参与“自下而上”的需求，在政府未“自上而下”进行推动时，公众基于公共利益而形成了征求意见模式、听证会模式、影响性诉讼模式、上书模式等公众参与新形式，这些新形式极大地提升了公众参与的品质。① 党和国家“自上而下”的政策倡导，以及各社会力量“自下而上”的积极推动，使我国公众参与在国家财政投入领域，开始导向“上下结合”的模式。

在当下，“行政国”与风险预防的同时到来，使政府在经济、社会、文化、生态等领域的职权有所扩张，以便对风险作出及时应对。这与域外各国政府大力介入经济、社会、文化等领域以应对社会的急速发展如出一辙。② 政府在各方面的职能扩张，更需要让立法和决策民主化、科学化，在既有的“自上而下”公众参与模式下，需要推动公众参与模式向“自下而上”转变，只有打通“自上而下”和“自下而上”两种公众参与模式，才能让新时代民主政治“有序”与“法治化”。国家财政投入监督，是民主政治制度的重要组成部分，必须有公众的参与，在既有“自上而下”公众参与模式存在缺陷的情况下，需要拓宽和畅通“自下而上”的公众参与模式的渠道。公众参与模式的转变，也体现了对公民私有财产权、知情权、监督权等宪法基本权利的切实尊重。我国现行《宪法》第 13 条对公民私有财产权的保障与限制作出了制度安排，第 56 条赋予了公民有依

① 参见王锡锌主编：《公众参与和中国新公共运动的兴起》，中国法制出版社 2008 年版，第 4 ~ 7 页。

② 参见[德]米歇尔·施托莱斯：《德国公法史(1800—1914)——国家法学说和行政学》，雷勇译，法律出版社 2007 年版，第 302 ~ 303 页。

照法律纳税的义务。可以说，我国财政收入的主要来源为税收，它建立在对公民私有财产权合理限制的基础之上。在国家财政投入监督领域，拓宽公众参与的渠道和方式，让公众间接决定每一笔财政资金的使用去向，赋予公众对财政投入的事前、事中以及事后环节相应的监督权利，实质上是对我国公民宪法权利的切实尊重。总之，新时代政府职能和角色的转变，要求公众参与国家财政投入监督由“自上而下”开始与“自下而上”结合从而形成“上下结合”的模式，以此实现国家财政投入监督的民主性和科学性。

四、国家财政投入程序合法化的必然要求

党的十九大报告指出，要深化机构和行政体制改革，就要转变政府职能，深化简政放权，创新监督方式，增强政府公信力和执行力，建设人民满意的服务型政府。要建设法治政府，推进依法行政，严格规范公正文明执法，就需要让行政立法和行政决策合法化、民主化和科学化。行政机关作为权力机关的执行机关，其行使公权力的合法化根源为何？按照“传送带理论”，代议机关是民意的体现，而行政机关是执行代议机关的意志，因而行政机关也是民意的合法性承接者，故其行使公权力具有一定的正当性。[①] 然而，新时代下“传送带理论”无法为“行政国”带来的行政机关的积极作为和行政自由裁量的合法性作证成。换言之，在行政立法、行政决策乃至重大行政执法决定过程中，行政机关由于自身职权扩张和自身履职需要，面临诸多合法性质疑。

行政程序包含信息公开、公众参与、听证等多重要素，行政机

① 参见[美]理查德·B. 斯图尔特：《美国行政法的重构》，沈岿译，商务印书馆2011年版，第11页。

关在行政立法、行政决策和作出重大行政执法决定过程中面临对多重利益的衡量；此时需要正当程序的介入，才能有效弥补行政机关行使公权力的民主性和合法性不足，公众参与就是正当行政程序中很重要的一个环节。“在一个越来越‘政治化’的行政过程中，由于行政权的行使不可避免地涉及各种利益的权衡和选择，这种权力行使的合法化，在很大程度上将依赖于各种利益的充分代表和有效参与。”①新时代法治政府建设新要求，需要行政机关借助公众参与实现行使公权力的“自我合法化”，即公众参与是行政程序正当化的必然要求。国家财政投入监督运行，不仅涉及国家财政如何分配与使用这一公共性议题，它关乎公共利益；也涉及纳税人如何行使其监督权和知情权，它与个人权益也密切相关。行政机关在作出有关国家财政投入的相关行政立法、行政决策乃至重大行政执法决定时，不可避免地会在公共利益和个人利益之间进行利益权衡。此时若吸纳不同利益主体对行政过程进行实质性的参与，可以有效保证国家财政投入的合法性：既让利益相关者的意见得到表达，也使其意见实质性地对结果产生影响。“由于立法机关无法提供明确无误的规则和标准，由于法院无力对行政活动进行面面俱到的司法审查，公众参与有可能成为向行政过程提供‘合法化资源’最丰富的宝藏。”②如上所述，行政机关在涉及国家财政投入的行政立法和行政决策过程中，通过注入公众参与这一民主化要素，能有效提升财政投入的透明性和公开性，化解行政过程程序失当这一难题。

① 王锡锌：《公众参与和行政过程——一个理念和制度分析的框架》，中国民主法制出版社 2007 年版，第 5 页。

② 王锡锌：《公众参与和行政过程——一个理念和制度分析的框架》，中国民主法制出版社 2007 年版，第 5 页。

综上所述,新时代我国社会主要矛盾的转变,使国家、政府和社会都及时调整其角色和定位,以适应新形势的发展。在国家财政投入监督领域,“预算国家”法治化的要求,需要公众参与对国家预算的制定、执行和监督;政府职能的转变,需要我们打通“上下结合”的公众参与模式,使国家财政投入相关的行政立法、行政决策乃至重大行政执法决定更加科学化、民主化;行政程序法典化的热议,使公众参与成为行政过程合法性的重要补充这一学说日趋重要,并直接辐射到国家财政投入监督领域,成为国家财政投入程序合法化的重要补充。一言以蔽之,新时代我国社会主要矛盾变化这一现实,使公众参与国家财政投入监督,既具有现实意义,又具有时代意义。

第二节　公众参与国家财政投入监督运行机制的理论正当性

党的十九大报告指出,我国社会主义民主是维护人民根本利益的最广泛、最真实、最管用的民主。近年来,我国在民主制度建设方面取得了很大进步:从规范上看,我国从效力最高的宪法层面确立了具有公众参与相关内容的条款;从制度上看,依据宪法建立了人民代表大会制度、多党合作和政治协商制度、民族区域自治制度、基层群众自治制度;从执行上看,我国确立了公众参与、信息公开、听证等立法和行政程序。在现实生活中,我国的公众参与制度不断完善,使公权力和个体权利间产生了良性互动;然而,公众参与具有明确的指向性,它是为了实现一定的目的才让公民参与到公共事务中,因而要有一定的理论作为支撑。抽象意义上讲,公众参与可从众多理论中找到依据和支撑,例如,公民参政权理论、立宪主义理论、公民权利理论等，但结合公众参与本身的概念界定，与公众参与最直接相关的理论无疑为民主理论。

一、直接民主理论作为公众参与国家财政投入监督运行的理论基础

从本源意义上讲，公众参与的理论基础最早可追溯到英美法上的“程序正义原则”。[①] 1215 年英国《大宪章》第 39 条规定：“除非经由贵族法官的合法裁判，或者根据当地法律，不得对任何自由人实施监禁，剥夺财产，流放，杀害等措施。”[②]这是文本上程序正义的最早渊源。程序正义表现出参与性、公开性和中立性等特点，即作出对当事人不利决定时需听取其意见。最初程序正义主义适用于司法领域，后逐渐也被适用于行政领域，如威廉·韦德就认为，程序正义不仅适用于司法权，也适用于行政权，有时还可以适用于合同创设的权力。[③] 程序正义下的公众参与，是建立在对公众作出不利决定的基础之上的，且主要在司法和行政领域。我国财政投入领域离该基础和领域相对较为遥远，国家财政资金的收入与支出并无明显地影响具体的公民个体之权益，对其产生不利之影响，故我们不认为程序正义理论是公众参与国家财政投入监督运行的理论基础。

我国现行《宪法》在总纲部分规定了国家合理安排积累和消费，兼顾国家、集体和个人的利益，在发展生产的基础上逐步改善人

---

① ［日］谷口安平：《程序的正义与诉讼》，王亚新等译，中国政法大学出版社 1996 年版，第 4 页。

② ［法］勒内·达维德：《当代主要法律体系》，漆竹生译，上海译文出版社 1984 年版，第 337 页。

③ 参见［英］威廉·韦德：《行政法》，徐炳等译，中国大百科全书出版社 1997 年版，第 95 页。

民的物质生活和文化生活。可以说,国家财政是关系国计民生的制度。国家财政收入几乎都来源于纳税人;要决定如何使用国家财政资金,最好的方式是让纳税人自己决定。这是人民民主的体现。“民主理论是公民政治参与和公众参与的重要理论基础。现代民主政治是建立在公民参与基础上的政治,政治参与是民主制度最基本的要求。”①国家财政“取之于民,用之于民”的特性,使较多学者将直接民主理论作为公众参与国家财政投入监督的理论基础。

直接民主可追溯到社会契约理论,该理论认为国家是由公民让渡权利而来。“把大家所有的权力和力量托付给某一个人或一个能通过多数的意见把大家的意志转化为一个意志的多人组成的集体。”②在社会契约理论最具代表性的人卢梭那里,国家被视为人民“公意”的结合体。“要寻找出一种结合的形式,使它能以全部共同的力量来卫护和保障每个结合者的人身和财富,并且由于这一结合而使每一个与全体相联合的个人又只不过是在服从其本人,并且像以往一样的自由。”③因而,按照社会契约理论,国家是由公民让渡权利而来,那么,国家事务就应交由公民打理,由此确立了公民直接参与机制。“卢梭认为:人民作为一个整体,直接地、在场地参与和决定,是政治统治合法性的基础。”④此外,要维持卢梭意义上的主权权威,就须进行公民集会,这是直接民主的方式。“主权者除了立法权力之外便没有任何别的力量,所以,只能依靠法律

① 崔浩:《行政立法公众参与制度研究》,光明日报出版社2015年版,第45页。

② [英]霍布斯:《利维坦》,黎思复等译,商务印书馆2016年版,第131页。

③ [法]卢梭:《社会契约论》,何兆武译,商务印书馆2013年版,第19页。

④ 王锡锌:《公众参与和行政过程——一个理念和制度分析的框架》,中国民主法制出版社2007年版,第5页。

而行动;而法律又只不过是公意的正式表示,所以,唯有当人民集合起来的时候,主权者才能行动。"①总之,由人民直接参与国家财政投入监督最为要好:它既能保证国家财政得到合理分配,也能确保纳税人有效地行使自己的权利,使自己的意志和利益得到反映。

然而,将直接民主理论作为我国国家财政投入监督运行的理论基础,存在两个无法克服的缺陷:第一,我国是人民代表大会制度,并未确立直接民主制度。我国现行《宪法》第 2 条和第 3 条分别规定了人民主权原则和民主集中制原则,《全国人民代表大会和地方各级人民代表大会选举法》第 3 条规定了直接选举和间接选举相结合原则,即我国确立的是代议制政体。现行《宪法》第 2 条规定,人民可通过各种途径和形式,管理国家事务、经济和文化事业、社会事务,这种管理也并非直接进行。按照代议制理论,我国人民管理国家事务和社会事务更多是通过其代表进行的。第二,直接民主理论自身也存有缺陷。我国幅员辽阔、人口众多、国家财政投入事项复杂,让所有的纳税人都参与国家财政投入监督运行中来并不现实,无论从时间意义上还是空间意义上,都不具有可行性;因为即便是卢梭意义上的直接民主国家,事实上也是一个很小的国家,小到每个公民都很容易认识其他公民。② 因此,将直接民主理论作为公众参与国家财政投入监督的理论基础,受限于时间、空间、人口、事项等多重因素。

---

① [法]卢梭:《社会契约论》,何兆武译,商务印书馆 2013 年版,第 114 页。

② 参见[法]卢梭:《社会契约论》,何兆武译,商务印书馆 2013 年版,第 84 ~ 85 页。

二、代议民主理论作为公众参与国家财政投入监督运行的理论基础

国家财政投入监督，涵盖前期决策、中期执行以及事后问责等多个环节，同时我国经济、社会、文化、生态事务的复杂性，使非专业性人员难以应对：公众直接参与既受时空限制，又受专业限制。直接民主理论在国家财政投入监督运行领域的局限性，促使我们需要寻找新的理论根基。

古往今来，人们都意识到直接民主理论具有局限性，为此许多思想家都尝试提出新的方案去弥补直接民主理论的缺陷。其中，J.S.密尔最具代表性，他提出以“代议民主”替代“直接民主”，认为理想上最好的政府形式是代议制政府。“一切旨在成为好政府的政府，都是由存在于社会各个成员中的一部分好的品质为管理集体事务而组成的。代议制政体就是这样一种手段，它使社会中现有的一般水平的智力和诚实，以及社会中最有智慧的成员的个人的才智和美德，更直接地对政府施加影响，并赋予他们以在政府中较之在任何其他组织形式下一般具有的更大的影响。”①代议民主，旨在由人民选出代表去代为行使权力，它成为国家权力来源的经典理论，我国理论和实务中也对这种理论予以了接纳。“在近代国家中，没有哪个国家能够实行真正意义上的、古希腊式的直接民主，而只能实行一种更具有实际操作性的间接民主制，即代议民主制。”②我国现行《宪法》第2条规定了人民主权原则，第3条规定了人民代表大会制度和民主集中制原则，第34条规定了公民的选举

① [英]J.S.密尔：《代议制政府》，汪瑄译，商务印书馆1984年版，第28页。

② 马怀德主编：《中国立法体制、程序与监督》，中国法制出版社1999年版，第157页。

权和被选举权，客观上为代议民主理论在我国繁荣发展提供了宪法依据。考察我国现实，也可以发现对于众多国家事务、社会事务乃至经济文化事业，我国的确是通过公民代表来进行决策和执行的，即代议民主理论在我国既具有规范支持，也具有现实根基。

国家财政资源源于纳税人，我们在日常生活中无时无刻不对税收作出贡献；但鉴于我国人口众多且公民个体素质与专业存在差异，无法让所有纳税人都对国家财政投入进行直接监督。由纳税人选出其代表，让代表体现其意志和利益，具体参与国家财政投入监督，既满足了现实可能性又具备了专业性；我国确立了人民代表大会制度，并建立起了直接选举与间接选举制度。由此，学者们认为，代议制理论，可成为公众参与国家财政投入监督运行的理论基础。在代议制理论下，公众参与国家财政投入监督是由其代表进行的，这种公众参与具有间接性。事实上，从我国公众参与的实践来看，最初的公众参与就是在代议制理论下进行的。我国公众参与财政投入监督的实践，可以追溯到20世纪90年代早期。那时，中国农村的村民代表已经开始参与到对村干部进行监督的过程中，以确保全村收入分配的公平以及投资回报的有效，只是当时这些公众参与监督的行为被冠以“村务公开”或“村务民主管理”的名义。[①] 中国城市中的公众参与国家财政投入监督的实践也是始于这一时期，最初是以公众代表——人民代表大会的监督为主要形式。例如，1991年深圳市人大建立了预算委员会，由人民代表委员对该市的财政投入决策进行审查；再如，1998年河北省开启了政

① 参见蔡炳华、袁绍志：《推进村务公开和民主管理的新起点——对密山市贯彻落实中办十七号文件的调查与思考》，载《中国民政》2005年第1期；冯雨霞：《关于村务公开和民主管理制度建设的思考》，载《党政干部论坛》2007年第S2期。

府部门预算,并将预算的一些内容送呈人民代表大会审议。由此可以看出,将代议民主理论作为我国公众参与国家财政投入监督的理论借鉴基础,结合我国人口众多、幅员辽阔的现实国情,进而创新并形成由人民选举其代表进行财政监督、具有中国特色的制度设计。

代议民主理论固然解决了直接民主理论作为公众参与国家财政投入监督理论基础的弊端,但其本身也存在难以克服的困境:第一,被选出来的代表是否能真正代表纳税人的意志和利益?每个人都有不同的好恶,都有不同的能力,何以能代表另一个人,这本身就是存疑的,正如卢梭所言,"主权也是不能代表的;主权在本质上是由公意所构成的,而意志又是绝不可以代表的;它只能是同一个意志,或者是另一个意志,而绝不能有什么中间的东西"。① 第二,代议民主自身就存在悖论。一方面,"民主"意味着人民当家作主,人民当家作主最直接的体现就是人民直接参与事务并对事务产生决定性的影响,即"民主"与"直接参与"是密切相关的,而代议民主却隔离了"人民"和"直接参与";另一方面,倘若让人民直接参与,则不存在现实可操作性。概言之,代议民主理论带领公众参与国家财政投入监督走出了理论困境,相比直接民主其现实可行性更强,但同时其又让自身陷入了窘境。

我国现行《宪法》第 57 条规定,全国人民代表大会是我国最高国家权力机关。它享有国家财政重大事项的决定权,但鉴于全国人大及其常委会会议少、会期短、职权多,很多事项都是交由执行机关即政府来具体执行。为此,学者们提出了"传送带理论",即将行政看作执行国家意志的工具,只要行政严格执行代议机关的意

---

① [法]卢梭:《社会契约论》,何兆武译,商务印书馆 2013 年版,第 120 页。

志，其就能获得代议机关的合法性输送，由此其民主性和合法性就得到了增强。① 同时，我国还通过行政机关对人民代表大会负责并报告工作的方式，对行政机关就国家财政投入事项之决定进行监督。“虽然人民不能自己行使政府权力，必须将之委托给一个人或一群人，而这些人绝对有最强烈的动机滥用权力，但仍有可能找到制约机制足以防止他们。”②简言之，为弥补行政机关在对国家财政事项作出决定或安排时民主性不足，我国一方面明确了行政机关的定位，即执行国家意志的机关；另一方面赋予了人民代表大会对行政机关的监督权，意在以上述方式来弥补代议民主作为公众参与理论基础之不足。

人民选举代表组成人民代表大会，人民代表大会再将国家财政投入事项交由行政机关执行，由此我国形成了“人民—人民代表大会—行政机关—国家财政投入”的公众间接参与模式，为确保这种模式中有公众参与还设置了相应的对行政机关的监督与制约机制。但是，这种以代议民主作为理论基础的“传送带模式”是否真的能保证公众对国家财政进行监督？随着我国政府职能的扩张，这种代议民主下的公众参与的参与实效性越来越低。从历史进程看，我国政府职能的扩张有几个阶段：③第一个阶段，1978 年党的十一届三中全会以后，为适应健全社会主义民主法制的需要，以立法为主的行政机关职权得到了迅猛发展，行政机关的职权扩张，为当时社会、经济、文化等的稳定起到了重要作用。第二个阶段，1992

① 参见[美]理查德·B. 斯图尔特：《美国行政法的重构》，沈岿译，商务印书馆 2002 年版，第 11 页。

② [英]詹姆斯·密尔：《论政府》，朱含译，商务印书馆 2020 年版，第 26 页。

③ 参见游伟：《私有财产权的立法限制》，中国人民大学 2020 年博士学位论文，第 94 ~95 页。

年邓小平南方谈话后,改革开放的序幕被拉开,“步子要快一些”“大胆试,大胆闯”的号召客观上使行政机关的职能再次扩张,这有力地推动了市场经济的确立和发展。第三个阶段,当下社会主要矛盾的转变,党和国家机构的深化改革,党政合署办公的推行,使行政机关要更好地执行党的政策,履行好宪法、法律赋予的职责,就必须拥有更多的职权,对一些改革不确定的事项,需要行政机关进行大量的试验性立法、行政决策乃至作出重大行政执法决定。“行政权的膨胀成为本世纪以来各国政治发展的一个重要特征,无论人民喜欢或不喜欢,这都是一个客观政治现实。”①总体来看,我国行政机关的职权不断在扩张,这使我国在国家财政投入监督领域极有可能突破“无法律则无行政”的束缚,从而使国家财政投入面临合法性困境。

根据现行《宪法》第58条和《立法法》第7条的规定,全国人民代表大会及其常委会不是唯一的立法机关,行政机关具有职权立法的空间。“在统一的立法权下,可以由不同的国家机关分担立法任务。”②基于我国立法权的宪法配置,行政机关可以在无法律授权的情况下进行行政立法,这就切断了合法性传输,即代议民主理论就无法解释这种情形下的国家财政投入。另外,由于社会的变迁和立法者的局限性,行政机关在国家财政投入领域存在自由裁量的空间。我国现行《宪法》第89条赋予了行政机关在多项事务上的“领导”和“管理”职能,行政机关的领导性和管理性,使其不得不在经济、社会、文化、生态等领域拥有自由裁量权,以满足“精简效

① 许崇德、王振民:《由“议会主导”向“行政主导”——评当代宪法发展的一个趋势》,载《清华大学学报(哲学社会科学版)》1997年第3期。

② 蔡定剑:《宪法精解》,法律出版社2004年版,第271页。

率”的要求。“有许多事情非法律所能规定,这些事情必须交由握有执行权的人自由裁量,由他根据公众福利和利益的要求来处理。”①我国宪法和法律要求行政机关基于自身职责做出某些事情,其目的在于为公众谋福利;尤其是风险社会的来临,使国家财政投入的应急性特征越来越明显,行政机关极有可能绕过公众间接参与这一环节而径直作出决定。“对于一切与公众有关的偶然事故和紧急事情,都不可能预见,因而法律也不可能都加以规定,而且,如果所制定的法律对于一切符合规定的情况或所有人都严峻不苟地加以执行,也不可能不造成损害;所以,对于法律所没有规定的许多特殊事情,要留给执行权以相当范围的自由来加以处理。”②

综上所述,当前我国代议民主理论为公众参与国家财政投入监督运行提供了基础,克服了直接民主理论的局限性。但是,随着新时代中国特色社会主义发展的新要求以及社会主要矛盾的转变,我国风险预防所带来的积极行政以及社会应急所带来的行政自由裁量,使行政机关在国家财政投入领域存在“合法性困境”,即行政机关在执行人民代表大会意志之外,基于自身定位和职责也存在绕过公众参与就国家财政事项进行立法、决策乃至作出执法决定的可能。因而,代议民主理论作为公众参与国家财政投入监督运行的理论基础,我们需对其进行修正与更新。

① [英]洛克:《政府论》(下篇),叶启芳等译,商务印书馆1996年版,第99页。

② [英]洛克:《政府论》(下篇),叶启芳等译,商务印书馆1996年版,第99页。

三、参与民主理论作为公众参与国家财政投入监督运行的理论基础

直接让公众参与国家财政投入监督,在我国这样一个庞然大国没有现实可能性,通过代议方式让公众代表参与国家财政投入监督,又极有可能使公众参与被架空,为此,我们不得不寻找一种折中方案。简要回顾我国建立健全民主制度的历程,可以发现我国一直为参与式民主预留了制度空间。首先,党的十六大报告指出,要健全民主制度,丰富民主形式,扩大公民有序的政治参与。其次,党的十七大报告进一步指出,要扩大社会主义民主,更好地保障人民权益和社会公平正义,公民政治参与有序扩大。再次,党的十八大报告将公众参与式民主作为政治体制改革和发扬社会主义民主的一项政策予以重申。最后,党的十九大报告强调,要健全人民当家作主制度体系,发挥社会主义协商民主的重要作用,推动协商民主广泛、多层、制度化发展。可以看出,党中央的文件精神都在强调在健全民主制度过程中,要不断扩大公众参与,这样的背景为参与民主理论作为公众参与国家财政投入监督之理论基础提供了空间。“社会转型所带来的社会结构变迁、权利时代公众主体意识的觉醒、现代社会对公共生活的‘公共性’吁求,这些都从自上而下和自下而上两个方向推动了公众参与的兴起。”①直接民主理论和代议民主理论无法解决“行政国”到来所带来的一系列难题,为此学者们极力倡导将参与民主理论作为公众参与国家财政投入监督的理论基础。国家财政投入直接影响纳税人的权益,因而将受国家财

① 王锡锌:《公众参与:参与式民主的理论想象及制度实践》,载《政治与法律》2008 年第 6 期。

政投入结果影响的纳税人纳入立法和决策的过程，让其参与国家财政投入的决策与监督，实质性影响立法和决策结果，真正实现国家财政取之于民又用之于民。

据学者们介绍，①参与民主理论最早由阿诺德·考夫曼在20世纪六七十年代提出，经卡罗尔·佩特曼提炼和完善后得以正式形成，后来通过麦克弗森、巴伯、赫尔德、贝斯特、罗尔斯、哈贝马斯等学者的著作而进一步发展。参与民主理论的核心在于强调公众充分参与公共事务，并对最后结果产生实质性的影响。“所有人最大限度的参与是民主的核心。”②参与民主理论重心不在于强调有多大范围的公众进行参与，而在于强调公众参与的实质性效果，即它不是为了参与而参与，而是为了让参与富有意义。为此，参与民主理论特别注重参与、沟通、协商，主张在共同讨论和协商情形下对有关问题作出最后决策，这种决策是一种信息十分充分、理性程度较高的决策。参与民主理论，不是对代议民主理论的替代，而是对其的补充，它之所以产生在于代议民主理论具有缺陷。“本来政党制度是人民代表制民主的支柱，但政党的竞争又不断蚕食民主、耗损民主。议员们有时将党派利益置于人民利益之上，人民的意志有时不能通过代表机关得到正确和有效的反映。在这种情况下，民主必须通过其他形式予以补充。于是，各种公众参与制的直接民主形式产生了。”③为弥补代议民主理论的缺陷，参与民主理论

① 参见王锡锌：《公众参与和行政过程——一个理念和制度分析的框架》，中国民主法制出版社2007年版，第8页；崔浩：《行政立法公众参与制度研究》，光明日报出版社2015年版，第47页。

② ［美］卡罗尔·佩特曼：《参与和民主理论》，陈尧译，上海人民出版社2006年版，第15页。

③ 姜明安主编：《行政法与行政诉讼法》（第7版），北京大学出版社、高等教育出版社2019年版，第14页。

主张让公民广泛参与到与自身利益切实相关的公共事务中，就公共事务进行沟通、交流、协商，从而实质性影响立法和决策。“参与式民主理论主张以公民的直接参与来弥补代议制民主的不足、修正其缺陷，而不是取代代议制民主；主张通过公民对公共事务的共同讨论、协商、共同行动来解决共同体的公共问题。”①从产生历史来看，参与民主理论显然要晚于代议民主理论，它是在科学技术和经济发展水平较高的阶段才得以产生，目的是鼓励公民进行充分的公共事务参与，弥补代议民主之不足。因而，我们认同蔡定剑教授的说法：“以选举为基础的由民意代表进行决策的制度是代议制民主，以公众直接参与决策和治理过程为基础的民主为参与式民主，它们是民主制度发展不同阶段的两种不同形式。公众参与式民主绝对不是对选举民主的替代，而是对选举民主的补充，是对代议制民主的完善。”②总之，从参与民主理论的历史以及在我国的发展阶段来看，它都是对代议民主理论的补充和完善，也正是如此，它可以作为公众参与国家财政投入监督的有益理论补充。

（一）参与民主理论是“尊重和保障人权”

我国现行《宪法》第33条第3款规定“国家尊重和保障人权”，人权就要求公民对与自身相关的事务具有决定权，这是康德意义上所谓的人是目的而不是手段的自然之义，人权要求国家所有事务都以人为依归。国家财政资源，取之于民，用之于民，可以说与公众息息相关，公众最关心也最容易发现国家财政收支过程中存

① 陈炳辉、韩斯疆：《当代参与式民主理论的复兴》，载《厦门大学学报（哲学社会科学版）》2008年第6期。

② 蔡定剑主编：《公众参与：风险社会的制度建设》，法律出版社2009年版，第8页。

在的问题；让公众最大限度地参与国家财政投入监督，并对之享有最终决定权，是宪法上人权保障的必然要求。公众参与是人权的子权利，只有公众参与到国家事务和社会事务的管理中，人权才能得到尊重和保障。

从宪法上的人权理论出发，可以推导出公众对国家财政享有积极参与的权利，但回顾我国的立法文本，可以发现我国当下公众参与国家财政投入监督运行缺乏有力的法律保障。首先，公众参与国家财政投入的实效性不强。在有关国家财政投入的立法中，听证会、座谈会、论证会等固然有利于提高立法民主化与科学化，但在国家财政领域公众参与的有关立法细化程度不高，在涉及财政领域“专业性”“可行性”“重大分歧”“重大利益”等情况时，是否举行听证会、座谈会、论证会都由公权力机关单方决定，即便进行上述形式的公众参与，这些听证会、座谈会、专家论证会也不可避免地流于“象征性”。其次，如何对待公众对国家财政投入的意见并不明确。尽管国家财政投入属于政府信息公开的范围，但我国现实情况是只对结果进行公开，整个国家财政投入的过程公开程度还显得不够，公众参与的渠道和方式都不明确，现有立法并未规定要进行公众参与的硬性要求和不进行公众参与的法律后果。例如，我国现有关于财政领域的法律、法规，在“扩展人民有序参与立法途径”方面有规定，但当公众就国家财政收支领域相关问题提出意见后，该如何对待和处理这些意见，立法却未有明文规定。现有公众参与形式如座谈会、听证会、论证会常常成为立法告知的工具，对国家财政投入民主性和科学性的形成的实质意义并不大。久而久之，作为纳税人的公众与作为执行财政政策的行政机关都充满了挫败感。一言以蔽之，当前我国财政投入领域并不缺乏公众参与的渠道，而是缺乏理性的沟通协商机制、意见处理机制以及对行政机关及其工作人员的问责机制。

参与民主理论，要求公众参与国家财政投入要具有实质性意义，要对涉及国家财政的立法与决策产生实质性的影响；它能有效解决当前公众参与形式主义这一问题，克服代议民主理论下公众参与的弊端。宪法以尊重和保障人权为核心，人权保障透过宪法上公民参与权予以体现，公民参与权要求公众实质性地影响国家财政决策，这是参与民主理论有效保障人权的宪法逻辑。公民参与权是公民的一项基本政治权利，《公民权利和政治权利国际公约》第25条规定，每个公民都有权利和机会直接或通过符合自己意愿的代表参与公共事务。正是公民萌发和伸张了参与政治的权利意识，民主才能得以实现。“如果公民有作为公民而积极行动的实际权利，民主才是名副其实的民主。”①在公共财政模式下，公众有自己的利益诉求和价值目标，由此产生了公众对政府财政投入决策参与的自主性和能动性。反之，也只有当公众切实有效地参与到了财政投入的决策过程中，才能最终保证财政投入资金的使用不偏离公众的利益诉求，才能真正体现财政投入资金“取之于民，用之于民”的本质属性。

（二）参与民主理论是协商民主

近年来我国公众参与制度得到前所未有的发展，众多法律、法规、规章都对其进行了规定，如《立法法》《行政法规制定程序条例》《规章制定程序条例》等。然而，由于我国未出台“行政程序法”以及既有规范性文件的抽象性和原则性，现实中的公众参与只是形式化地履行“座谈会”“听证会”“论证会”，致使公众参与在一定程

---

① [英]戴维·赫尔德：《民主的模式》，燕继荣等译，中央编译出版社2004年版，第145页。

度上流于形式。这种形式化的公众参与，容易使行政机关在未有公众监督时，在对国家财政进行立法或行政决策的过程中出现超越权限或滥用职权的情况。“但是一切有权力的人都容易滥用权力，这是万古不易的一条经验。有权力的人们使用权力一直到遇有界限的地方才休止……从事物性质来说，要防止滥用权力，就必须以权力约束权力。”①防止公权力机关及其工作人员滥用权力，是控权理论的核心要义，传统的控权理论主张用权力制衡的方式实现权力监督，即让立法权、行政权、司法权、监察权之间分工负责、互相制约。但随着社会发展，仅仅依靠公权力部门之间的牵制，已无法约束和控制公权力，除了设计相应的程序外，还应积极引入公众来监督公权力的运行。“防止公务人员滥用职权已不能局限于单单是立法控制和司法控制，而是向立法、司法、社会控权与政府内部权力自控的多样化发展，行政程序立法以及相关的行政公开制度、参与制度等各项制度的建设，正是这种需要的体现。”②参与民主理论，可以有效抑制国家财政投入领域的公权力滥用：它通过引入公众实质性参与的方式，加强公众与公权力机关在财政投入事项上的沟通与协商，降低公权力滥用的可能性。

参与民主理论，更多是一种协商民主。协商民主在 20 世纪 90 年代通过罗尔斯和哈贝马斯得以完善和发展。概括而言，协商民主具有如下特征：第一，强调协商主体之间的平等性。公众参与国家财政投入监督运行，依赖一种公正的规则，使参与的公众个体，都获得平等的话语权利，每个个体的意见都得到同等程度的重视，

① ［法］孟德斯鸠：《论法的精神》（上），张雁深译，商务印书馆 2019 年版，第 184 页。

② 李娟：《行政法学的控权理论研究》，载罗豪才主编：《行政法论丛》（第 2 卷），法律出版社 1999 年版，第 19 页。

每个人的利益都得到平等对待。协商民主建立在平等基础之上，只有平等才能有效沟通与交流。“在参与式行政中，公民是独立的行政法律关系的主体，而不是行政管理的客体，公民与政府具有平等的法律地位，享有平等的话语权，能自由地表达自己的利益诉求和其他主张，能以自己的行动影响政府的行政决定，与政府一同完成行政管理的任务，实现行政管理的目标。”①我国现行《宪法》第33条第2款规定了公民在法律面前一律平等。宪法上的平等不仅是公民与公民之间的平等，还包括公民与国家机关之间的平等。只有如此，协商民主才具有可能。第二，强调交往理性。交往理性使一种对有效性主张的取向成为可能，旨在相互理解，达成一致。哈贝马斯认为，人们通过交往进行言语对话，且满足可理解性、真实性、正确性和真诚性，才能形成大家所共同愿意遵守的规则。“交往行政作为基础的那种以达成理解为取向的语言使用，是以这样一种方式发挥作用的：参与者对他们言语活动之被主张的有效性，要么表示同意，要么说清楚他们在进一步行动过程中将一起考虑的那些异议。”②协商民主旨在承认社会多元的前提下，主张以平等对话、理解的方式推动公众参与，即在一个理想的交谈环境里，突出参与者彼此的真诚沟通、协商，以达到最低限度的共识。第三，强调商谈与意见整合。在多元化的今天，仅仅强调交往理性未必能取得共识。当一般交往出现障碍时，就需要借助商谈原则来实现意见整合，它尤其注重为达到相互理解所作出的努力。“合理商谈应该包括所有旨在就成问题的有效性主张所达成理解的任何

① 方世荣等：《“参与式行政”的政府与公众关系》，北京大学出版社2013年版，第47页。

② ［德］哈贝马斯：《在事实与规范之间——关于法律和民主法治国的商谈理论》，童世骏译，生活·读书·新知三联书店2003年版，第22页。

努力,只要这种努力是在这样一些交往条件下发生的,这些条件在一个通过语内行动义务而构成的公共空间里,使得对主题和所发表的意见、信息和理由的自由处理成为可能。”①合理商谈主要通过话语原则和普遍化原则实现:一方面让理性参与者对影响其利益之事务拥有平等参与商谈的机会;另一方面让每个参与者对旨在满足其利益的结果都无条件地接受。

可以看出,建立在协商民主上的参与民主理论,使公权力在就国家财政进行立法或决策时,不能全靠权力和内部命令,还要学会与外部对话、协商,主要是与公众商谈。在合适的话语环境中,公权力机关与公众通过自由、平等、无强制、诚实的对话,达成在财政投入方面的共识;这种共识既建立在平等协商基础之上,也建立在充分考虑公众意见基础之上。

(三)参与民主理论是程序正义

按照学界通说,程序正义分为实体性和程序性两个部分:实体性牵涉公民权利,程序性只与程序规范有关。按照我国《立法法》第96条、第97条的规定,我国立法文本中的“法定程序”是指向程序性正当法律程序之合法性要求的,也就是说,一项国家事务或社会事务,无论是否涉及公民权利的实体性权利,都应遵守程序性正当法律程序的要求。我国《立法法》虽然提出了“法定程序”,但未指明符合哪些要求就是遵循了程序性正当法律程序。参与民主理论强调程序正义具有独立的价值,注重公众在参与过程中具有表达自己意志和利益的权利,符合程序正义的原则;因为按照贝勒斯的理解,参与原则是程序正义最重要的

① [德]哈贝马斯:《在事实与规范之间——关于法律和民主法治国的商谈理论》,童世骏译,生活·读书·新知三联书店2003年版,第132页。

原则之一。①

如前文所言，程序正义本源于英美法的自然正义原则，如在英国，主要是对当事人作出不利决定时赋予其“被听取意见的权利”，在美国主要是赋予当事人在对涉及其利益的决定中，使其享有发表意见、反驳相反主张的权利。在我国，程序正义除具有上述这层意义外，还具有填补公权力“合法性缺陷”的功能。如前文所述，随着“行政国”的到来以及新时代社会主要矛盾的转变，我国公权力在国家财政投入领域的职权不可避免会有所扩张，单靠传统的公权力之间的牵制与制约已无法满足对国家财政投入的有效监督，通过引入公众参与，让公众就涉及国家财政之事项充分发表意见，并形成意见反馈机制，对国家财政事项产生实质性的影响，这可以形成对国家财政投入的外部监督，即程序正义缝合了公权力的合法性缺口。

综上所述，公众参与国家财政投入监督具有重要意义，它以一定的理论作为支撑。不可否认，公众参与拥有民主理论、权利理论、程序理论、平衡理论、立宪主义理论等多个理解向度，它们都可作为公众参与的理论依据，但民主理论无疑是公众参与国家财政投入监督最重要、最接近的理论基础。从发展历程来看，直接民主理论无法适应我国纳税人众多这一现实；代议民主理论是我国当下公众参与国家财政投入最能被接受的理论依据，但其也面临行政权扩张所带来的合法性困境。为此，笔者认为，应引入参与民主理论，将之与代议民主理论相结合，使两者共同成为公众参与国家财政投入监督运行的理论基础。在代议民主理论和

① 参见[美]迈克尔·D. 贝勒斯：《法律的原则——一个规范的分析》，张文显等译，中国大百科全书出版社1996年版，第33～37页。

参与民主理论共同指引下，使我国公众参与国家财政投入监督真正富有意义。

第三节　公众参与国家财政投入监督运行机制的规范合法性

从宪法原理上看，我国民主理论为公众参与国家财政投入监督运行提供了理论依据，但宪法原理上的正当性不代表就具备了规范上的合法性。这就需要我们遁入我国现有宪法和法律秩序中，找到众多立法文本为公众参与国家财政投入监督运行所提供的合法性依据。只有从规范上论证了公民参与国家财政投入监督运行的合法性，在现实中当公众参与国家财政投入受阻时，才能为其提供解决和救济渠道。

一、公众参与国家财政投入监督运行是宪法上的一项民主制度

总览我国现行《宪法》文本，可发现我国现行《宪法》从两个方面为公众参与国家财政投入监督运行提供了依据：第一，在“总纲”部分为公众参与提供了原则基础。第二，在“公民的基本权利和义务”部分为公众参与提供了规范基础。我国现行《宪法》第 2 条规定：“中华人民共和国的一切权力属于人民。人民行使国家权力的机关是全国人民代表大会和地方各级人民代表大会。人民依照法律规定，通过各种途径和形式，管理国家事务，管理经济和文化事业，管理社会事务。”第 27 条第 2 款规定：“一切国家机关和国家工作人员必须依靠人民的支持，经常保持同人民的密切联系，倾听人民的意见和建议，接受人民的监督，努力为人民服务。”据此，人民主权原则和为人民服务原则就构成了公民参与国家财政投入监督

运行的宪法依据。

人民主权原则,顾名思义,就是人民是国家的主人,人民参与国家意志的形成,这是我国社会主义人民民主专政的体现。“广大人民是否享有管理国家的政治权利和自由,是反映这个国家中各个阶级所处的地位的重大标志之一。”①我国人民主权原则主要体现为公民享有参政权与政治自由,即我们通常所说的政治性权利,它包括选举权与被选举权以及六大政治自由。“我们所了解的政治权利就是公民具有参加政府、参加国家‘意志’形成的可能性。用实在话来说,这就意味着公民可以参与法律秩序的创造。”②宪法上人民主权原则的规定,契合与呼应了我国的国家性质,在此前提下我国形成了人民代表大会制度这一政体。国体具有实现国家统合的深层意涵,③政体是实现这一意涵的具体手段。换言之,在人民主权原则下,公民享有形成国家意志的政治性权利,而正是公民的政治性权利与自由,构成了我国民主理论的底色;而民主理论中的参与民主恰好是我国公众参与国家财政投入监督运行的理论基础。国家财政投入,是关系国计民生的国家事务。人民作为国家的主人翁当然享有参与国家财政投入监督的权利,这是“人民主权—人民代表大会制度—公众参与国家事务管理”宪法逻辑的必然延伸。

为人民服务原则,是中国共产党的宗旨,自2018年宪法修正案在《宪法》第1条第2款第1句后加入“中国共产党领导是中国特

① 肖蔚云等编著:《宪法学概论》,北京大学出版社1982年版,第277页。

② [奥]凯尔森:《法与国家的一般理论》,沈宗灵译,商务印书馆2016年版,第143页。

③ 参见林来梵:《国体概念史:跨国移植与演变》,载《中国社会科学》2013年第3期。

色社会主义最本质的特征”一句以来，党的宗旨和国家机关的工作原则实现了宪法上的统合。将现行《宪法》第 1 条、第 27 条、第 33 条作一个体系性的宪法解释，党和国家在为人民服务这一理念上实现了高度统一，尊重和保障人权成为一切国家事务和社会事务的最终旨意。人民主权原则厘清了何以公众可以参与到国家财政投入监督运行中去，而为人民服务原则则指明了公众参与国家财政投入监督运行的最终目标。公众参与国家财政投入监督运行，其最终目的不是规范和控制公权力，而是为了让国家财政真正为民所用、情系于民，规范和控制公权力只不过是达到此目的之手段，为人民服务才是最终目的。因此，宪法上的人民主权原则和为人民服务原则构成了公民参与国家财政投入监督运行的一项民主性制度，前者阐释了公众参与的来源，后者指出了公众参与的依归；这也契合了国家财政取之于民又用之于民的本质。

从宪法角度出发，将公众参与国家财政投入监督运行界定为一项民主性制度，具有重要的现实意义。公众参与国家财政投入监督运行，一方面可以保障公民有效行使自身的宪法权利；另一方面可以规范和监督公权力的运行。具体可从以下两个方面理解：

第一，公众参与国家财政投入监督运行，是实现和保障公民众多基本权利的手段。在公共财政国家中，如果缺乏作为实现权利手段保障的公众参与财政投入监督的运行机制，公众将无法真正实现其他各项自由权和社会权等人民的基本权利，作为公众相对方的政府的权力也无法真正受到制衡，达到良好运行的状态，最终公众也将难以真正地享受到政府应该提供的公共产品和服务。这是因为，参与国家财政投入监督是实现公众参与社会政治生活的根本：没有参与财政投入监督，公众对于国家财政投入资金的去向茫然无知,失去监督的国家财政投入资金就可能会被使用者随意地使用。如果公众无法切实地参与到国家财政投入的监督中去,公众就没有实质意义上的其他各项政治民主权利,也无法得到预期的缴纳税金的对价。因而,只有将公众参与国家财政投入监督运行机制界定为公众参与社会政治生活的民主性制度,从法律上明确政府承担接受公众全面监督其使用国家财政投入资金情况的义务,并对相关主体在使用财政投入资金过程中出现的过错启动司法追责机制,才能切实维护和保障公众享有其他的基本权利。

第二,公众参与国家财政投入监督运行,可以有效地制约公权力。基于人性的弱点,一切掌握权力的人都容易滥用权力。自亚里士多德以来,众多思想家都在找寻一条制约权力之路,最为我们所熟知的莫过于权力分立原则。在最具代表性的孟德斯鸠那里,权力被一分为三,交由不同的国家机关行使,彼此分工与制约,走向的是一条"以权力制约权力"之路。① 然而,"二战"后,我们发现这种本应成为制约权力的道路,也逐渐成为党派和利益集团之间角力斗争的工具,并不能彻底去除权力滥用和政治腐败。与资本主义单纯的以权力制约权力不同,马克思主义认为,只有当人民掌握了对权力的监督权,才能切实形成对权力的制约。在总结巴黎公社政权建设的历史教训时,马克思甚至将"人民是否掌握监督权"作为最终实现人民当家作主的根本保证之一。"彻底清除了国家等级制,以随时可以罢免的勤务员来代替骑在人民头上作威作福的老爷们,以真正的责任制来代替虚伪的责任制,因为这些勤务

① 参见[法]孟德斯鸠:《论法的精神》(上),张雁深译,商务印书馆 2019 年版,第 185~197 页。

员总是在公众监督之下进行工作的。"①在此思想指导下，我国确立了人民代表大会制度，由人民选举代表组成人民代表大会，再由人大选举产生其他国家机关并对其进行监督。该制度对国家机器的运转起到了重要作用，但我们也要看到，基于会期和职权等原因，现实中人大对其他国家机关的监督存在乏力现象。从东西方各国对权力制约的实践来看，迄今为止都没有跳出以权力制约权力的思维局限。我们认为，"以权力制约权力"的模式具有明显的现实局限性：它无法避免公权力机关及其工作人员抑制不住自身利益诉求的冲动，怠于行使法定监督职责，与监督对象进行不当或不法"合作"。因此，走出传统的"以权力制约权力"的思维定式，从新的角度探寻权力制约模式已成为摆在我们面前的紧迫任务，而这一任务的最终解决之道就是：凭借权利制约权力的民主制度。具体而言，就是人民要享有宪法所确认的广泛的权利，这些权利受宪法和法律保障，同时人民依靠自身享有的广泛权利和自由，以民主的方式共同参与国家权力的建构，并有效地监督其运行。② 这种以权利制约权力的民主制度，是与人民的主人翁地位相匹配的。只有进行权利有效制约权力的制度设计，公民有效监督国家权力的正当行使，才能真正实现我国宪法所确认的人民主权原则。而在当今中国，公众参与国家财政投入监督运行机制，正是这种权利制约权力机制的重要组成部分。

二、公众参与国家财政投入监督运行是宪法上公民的基本权利

参与民主理论，意味着广泛吸收社会公众通过各种途径参与

① 中共中央马克思、恩格斯、列宁、斯大林著作编译局编：《马克思恩格斯选集》(第3卷)，人民出版社1995年版，第96页。

② 参见肖从进：《权利制约权力论》，山东人民出版社2008年版，第238页。

对国家财政投入监督的运行活动。公众参与国家财政投入监督运行机制因为具有“不可缺乏性、不可取代性、不可转让性、稳定性和母体性”的特点,应该成为公民宪法中的一项基本权利。[①] 从域外经验来看,美国在 1787 年制宪会议通过的《联邦宪法》就明确规定:合众国内的所有公共财政收入的收支账目和报告都应公布,而且应建立经常性的公布制度。作为世界上的第一部成文宪法,该规定为公众参与国家财政投入监督的保护提供了宪法依据。其后,世界上很多国家都把公众参与国家财政投入监督的权利上升为宪法权利。公众参与国家财政投入监督是宪法上人民主权原则的必然要求:只有当公众享有参与监督财政投入的权利,公众才能切实地参与到民主政治中来,才能真正地对财政投入资金的管理者——政府的行政行为产生威慑,对政府的权力给予制衡,引导政府真正做到“权为民所用,利为民所谋”。

我国现行《宪法》为公众参与国家财政投入监督运行提供了依据,只不过我国宪法上并未直接规定“公众参与权”这一概念,它与生命权、迁徙自由、居住权、隐私权等一样,都归入未列举的宪法权利当中。[②] 未列举的宪法权利,与已列举的宪法权利具有同等重要的地位,不能因其未被宪法明确列举就贬低其效力位阶。“宪法权利之所以既包括明示也包括默示权利,是因为人的理性是有限的,不可能穷尽随着时代的发展而出现的新型权利,因此,需要有默示的条款对明示条款进行补充并随着时代的发展而赋予其更具时代

---

① 参见徐显明主编:《公民权利义务通论》,群众出版社 1991 年版,第 132 ~ 133 页。

② 参见余军:《未列举宪法权利:论据、规范与方法——以新权利的证成为视角》,中国政法大学出版社 2018 年版,第 263 页。

性的解读。"①我国现行《宪法》对公众参与的确认和保障是通过间接方式进行的:我们可通过宪法解释方法,找到宪法上有关公众参与国家财政投入监督运行的内容,从而为公众参与国家财政投入监督运行找到明确的宪法依据。

第一,公众参与国家财政投入监督运行是人权保障的体现。我国现行《宪法》第15条第1款确认了发展社会主义市场经济。国家财政投入作为市场经济的组成部分,与公民生存发展密切相关,公众参与国家财政投入监督是社会主义市场经济发展的必然要求。我国现行《宪法》第33条第3款规定了"国家尊重和保障人权"。人权条款是我国公民参政权的直接推理依据,为我国公民参与国家事务提供了价值支撑;而公众参与是公民参政权的应有之义,由此可推导出公众参与是公民的人权之一。人权是人与生俱来的权利,它不外乎就是保障人在社会中生存与发展;倘若公民无法就涉及其生存发展之事项表达看法、提出意见,很难说人权得到了保障。因此,公众参与与其生存发展相关的国家财政投入监督运行,是宪法上人权保障原则的体现。

第二,公众参与国家财政投入监督运行是政治性权利的体现。考察我国宪法文本可以发现,我国并未有直接的权利条款对公众参与予以保障和限制,公众参与被散落在众多条款里:既显性地体现在《宪法》"总纲"部分,又隐性地藏在"公民的基本权利和义务"部分。例如,现行《宪法》第2条、第27条、第33条、第34条、第35条、第41条、第56条,这些条款多涉及"国策条款"和"权利条款",共同构成了公众参与的具体内容,其中政治性的权利与公众参与最为相关。公众参与国家财政投入监督运行实质是公民参政权与

① 张薇薇:《宪法未列举权利比较研究》,法律出版社2011年版,第14页。

监督权的延伸和扩展。财政投入资金的使用作为国家社会事务的一个极其重要的方面，公民不仅享有选举能代表其意志和利益的代表来参与管理的权利，也理应享有对参与管理的代表和相关主体相应的使用财政投入资金行为中不当或不法的行为提出批评、建议、申诉、控告的权利。我国现行《宪法》对公民的监督权予以了明确规定。国家财政投入事关国家利益、社会稳定和公民的生存发展，也是民主政治的范畴，公众参与其中是公民政治性权利的一种扩展。

第三，公众参与国家财政投入监督运行是公民知情权的体现。公众对国家财政投入信息享有知情权是公民知情权在财政领域的延伸。在一个法治国家，知情权是一项重要的宪法性权利，是指公民享有获得社会公共事务以及和自身有关的信息的权利。人民只有充分明了与自身有关的社会信息、受托代理人和代表活动的信息，才能对自己的真实情况进行判断，从而进一步确定自己发展的方向。公众对财政投入信息的知情权，主要是指公众对国家的财政支出的支出方向、支出效率等信息的知晓权。其包括两个层面的含义：一是公众有权获得有关政府各机构的预算、决算的完整准确的信息，以宏观地了解财政投入的资金用于何处，自己所享受到的公共产品和服务是否与自己付出的代价相等。① 二是公众有权进一步获得行政机关及其工作人员行为的具体信息，从而具体了解财政投入资金的使用是否落到了实处，政府花的每一分钱是否都进行过认真考量。只有在全面了解以上的宏观和微观财政投入资金信息的基础上，公众才可能实现对政府财政活动进行真正而完整的监督制约。

① 参见刘剑文：《税法专题研究》，北京大学出版社2002年版，第170页。

在公共财政模式下,由于“公共性”是其核心特征,人民理应对国家权力在经济、政治、国防等领域的运行情况享有知情权,知情权成为人民参政议政的重要条件。① 在监督国家财政投入使用的过程中,公众的知情权和参与权是决定其监督是否有效的最根本的两项权利,而公众对财政投入情况的知情权又是其中的基本前提。只有公众充分知晓财政投入的使用情况,才能对财政投入资金的使用情况进行全面监督,以督促提高财政投入的使用效率。事实上,我国已意识到公众对财政投入信息的知情权的重要性,在现行多个部门法中,都有关于知情权的规定。例如,《消费者权益保护法》第 8 条规定了消费者享有知悉其购买、使用的商品或者接受的服务的真实情况的权利,以及《证券法》有关股民获得必要信息权利的规定。不言而喻,公众享有国家财政投入信息的知情权不但是人民主权原则的当然要求,也是公众参与国家财政投入监督的基础性内容。因为开放式政府使用国家财政投入运行系统才能使公众的外部监督发挥作用,而其开放的关键就是信息开放。公众有权利参与到政府的财政事务的管理中去,但是其前提条件是他们必须知晓全面真实的情况,以作为他们判断的基础。如果政府的财政活动过程不透明,就无法激发公众参与监督其财政投入管理的兴趣,公众参与财政投入监督的能力也无法得到提高。

第四,公众参与国家财政投入监督运行是公民纳税请求权的体现。在公众财政国家,因为国家财政收入主要来源于税收收入,几乎每一个公民都是纳税人,因此,公众参与国家财政投入监督的宪法依据还体现于宪法对纳税人权利的规定。宪法对纳税人权利

① 参见林喆等:《公民基本人权法律制度研究》,北京大学出版社 2006 年版,第 48 页。

规定的体现通常与对纳税人的纳税义务规定相联系。纵观各国的宪法历史，不难发现，依法纳税是公民的一项传统的宪法义务，它与公民的参政权密不可分；即使是在法律实证主义盛行、参政权并不完全被当作公民的宪法权利的阶段，履行纳税义务也被设定为公民享有参政权的一个首要条件。进入“税收国家”阶段之后，纳税人所承担的缴纳税款的义务被赋予了更加积极的宪法意义，它成为公民自觉激发参与国家政治活动、监督政府愿望的一个至关重要的因素，同时也为公民以纳税人身份享有并实实在在地行使宪法权利提供了理论根据。

我国现行《宪法》第56条规定了公民有依照法律纳税的义务，“依照法律”体现了我国奉行的税收法定主义。税收法定主义与公民纳税义务，是宪法对纳税人权利和义务确认的一体两面。首先，税收法定主义要求纳税义务的设定，必须而且只能由最高权力机关制定法律予以规定，其他国家机关不得为之；理由在于税收实质上是纳税人为获得政府提供的公共产品而让渡其部分私有财产权利的等价交换形式，纳税人缴纳税款当然应以纳税人同意为前提。其次，宪法上规定公民纳税义务，并非仅仅赋予公民义务，公民纳税的同时就享有与纳税有关的权利，即享有请求救济的权利。理由在于有义务就有权利，有权利就有救济；如果没有相应的救济请求权，权利就遁入无形。“权利之所以为权利，就在于其要有一种能对抗和防止他人对这种自由和自我肯定的利益能力的侵犯和剥夺的能力。”[①]由此，基于纳税义务，我国公民就获得了参与国家财政投入监督的请求权。

如果说“公众对国家财政投入信息的知情权”是公众参与国家

① 菅从进：《权利制约权力论》，山东人民出版社2009年版，第251页。

财政投入监督的基础，那么，“公众参与国家财政投入监督的请求权”就是公众参与国家财政投入监督运行机制的救济和保证。公众参与国家财政投入监督的请求权，是指当公众知情权、参与权以及其他权利受到侵犯后，向有关部门请求保护和救济的权利；它既包括对行政机关主张的权利，也包括向权力机关主张的权利，还包括向司法机关请求救济的权利。当公众发现自己没有真实享有财政投入资金的知情权或财政投入资金使用的决策参与权时，或者发现行政机关有违法或不当地使用财政投入资金的行为时，公众可以向有关国家机关主张请求权。当前，我国在国家财政领域，司法救济尚未涵盖行政机关因为不法使用或不当使用国家财政投入资金对公众利益造成侵害的行为；这种司法救济模式使公众实际上很难真正地监督和制约相关主体的财政投入资金的使用行为，也使因此受到侵害的公众的权利难以得到有效救济。因此，我们要尽快建立起对相关主体使用财政投入资金的救济制度。总之，公众参与国家财政投入监督的请求权的渊源是公民的纳税人身份，它使公众参与监督财政投入真正成为一项可以实施的法律权利。

总的来看，我国宪法虽未直接规定“公众参与权”这一概念，但围绕“尊重和保障人权”形成了参政权、知情权、请求权等公众参与的具体内容。按照宪法上基本权利保障原理，我国对公众参与国家财政投入监督未采取直接规定保障条款、制约条款和补偿条款的方式，而是将对公众参与的规定散落于众多条款。这种宪法保障方式赋予了国家保护义务。公民基本权利是法定人权，公众参与也不例外，都依赖于立法形成。既然公众参与是由立法而形成的一项公民权利，说明它与公民其他权利一样具有双重性质：既要求公权力机关不得随意侵犯，也要求国家积极履行保护义务。简言之,公众参与国家财政投入监督运行,是宪法上公民权利的体现,国家对此负有保护义务。

三、公众参与国家财政投入监督运行是法律上的必经程序

公众参与国家财政投入监督运行,在我国不仅具有宪法上的依据,还有法律上的依据。从一般意义上讲,公众参与是我国立法过程、行政过程乃至司法过程的必要环节;尤其在立法过程和行政过程方面,公众参与几乎无处不在。在立法过程方面,我国《立法法》第5条规定:“立法应当体现人民的意志,发扬社会主义民主,坚持立法公开,保障人民通过多种途径参与立法活动。”且该法第16条、第36条、第53条、第67条分别就法律、行政法规的制定明确了要听取公众意见以及听取公众意见的形式。在行政过程方面,我国自1996年《行政处罚法》规定听证程序之后,学界一直在倡导要制定“行政程序法”,公众参与是“行政程序法”中不可或缺的组成部分。如应松年教授认为,行政程序法的基本原则应包括公开原则、公正原则、参与原则、复审原则、顺序原则、效率原则;①章剑生教授认为,行政程序法基本原则包括合法性原则、合理性原则、公开原则、参与原则、顺序原则和效率原则。② 总之,众多学者都将公众参与作为行政程序法的基本原则。③ 2001年我国出台的《行政法规制定程序条例》《规章制定程序条例》规定了行政法规和规章的制定

---

① 参见应松年主编:《行政法学新论》,中国方正出版社1998年版,第511~516页。

② 参见章剑生:《行政程序法学原理》,中国政法大学出版社1994年版,第101~116页。

③ 参见金国坤:《行政程序法论》,中国检察出版社2002年版,第45~47页;张树义主编:《行政程序法教程》,中国政法大学出版社2005年版,第68页;王锡锌:《行政程序法理念与制度研究》,中国民主法制出版社2007年版,第374页。

过程中,要广泛吸收公众参与,这为公众参与行政立法奠定了规范依据。可以看出,抛开国家财政投入领域不谈,公众参与本身就是我国立法过程和行政过程的必经程序,我国现有的《立法法》《行政法规制定程序条例》《规章制定程序条例》都为此提供了法律规范上的依据。从此前提出发,凡是与国家财政相关的行政立法、行政决策乃至重大执法决定,理应让公众参与其中。

自 1998 年实施《价格法》开始,公众参与就进入我国具体的法律中。《价格法》第 23 条规定:“制定关系群众切身利益的公用事业价格、公益性服务价格、自然垄断经营的商品价格等政府指导价、政府定价,应当建立听证会制度,由政府价格主管部门主持,征求消费者、经营者和有关方面的意见,论证其必要性、可行性。”自此之后,我国 2015 年《立法法》第 36 条第 1 款规定:“列入常务委员会会议议程的法律案,法律委员会、有关的专门委员会和常务委员会工作机构应当听取各方面的意见。听取意见可以采取座谈会、论证会、听证会等多种形式。”《行政法规制定程序条例》第 13 条第 1 款规定:“起草行政法规,起草部门应当深入调查研究,总结实践经验,广泛听取有关机关、组织和公民的意见。涉及社会公众普遍关注的热点难点问题和经济社会发展遇到的突出矛盾,减损公民、法人和其他组织权利或者增加其义务,对社会公众有重要影响等重大利益调整事项的,应当进行论证咨询。听取意见可以采取召开座谈会、论证会、听证会等多种形式。”《规章制定程序条例》第 15 条第 1 款规定:“起草规章,应当深入调查研究,总结实践经验,广泛听取有关机关、组织和公民的意见。听取意见可以采取书面征求意见、座谈会、论证会、听证会等多种形式。”由此可以看出,我国《立法法》《行政法规制定程序条例》《规章制定程序条例》都规定了要以座谈会、听证会、论证会等多种形式让公民参与到立法和决策之中,这无疑为我国公众参与国家财政投入监督运行提供了明确的法律依据。总之,公众参与国家财政投入监督运行,是我国法律上的必经程序。

然而,仔细考察上述关于公众参与的规定,我们也应看到这些法律规范依据仅对公众参与国家财政投入进行了概括性的规定,并未有法律依据直接就公众参与国家财政投入监督运行作出明确规定,即公众参与国家财政投入监督运行的法律依据还相对比较粗糙。我国公民参与立法和决策具有明确的法律依据;但是具体到国家财政投入领域,我国公民参与的具体法律依据并未明确,公民无法依据某个具体的条款去主张自身享有参与国家财政投入监督运行的权利。另外,我国现有关于公众参与政府对外使用国家财政投入资金的零星规定,效力性不强,现有规定大都是任意性而非强制性的。这种形式化的条文规定,传递着一种错误的理念:政府有权决定是否让公众参与某项国家财政投入决策的制定,这种决定权是政府的一种行政自由裁量权。这种错误的理念会直接引导政府进行错误的行为,即尽量不让公众参与国家财政投入决策,或仅让公众参与一些无关痛痒的国家财政投入决策,最终剥夺公众本应享有的国家财政投入决策参与权。

“如果公民有作为公民而积极行动的实际权利,民主才是名副其实的民主。”①在公共财政模式下,公众有自己的利益诉求和价值目标,由此产生了公众对政府财政投入决策参与和监督的自主性和能动性。反之,也只有当公众切实有效地参与到了财政投入的决策和监督过程中,才能最终保证财政投入资金的使用不偏离公

① [美]戴维·赫尔德:《民主的模式》,燕继荣等译,中央编译出版社2004年版,第145页。

众的利益诉求，才能真正体现财政投入资金“取之于民，用之于民”的本质属性。国家财政投入，主要在行政领域。行政领域的公众对财政投入资金决策的参与权主要表现为以下两个方面：一是对于政府制定与财政投入资金使用有关的行政法规、规章或具有普遍约束力的行政规则，以及其他重大行政决策和行政规划等对外决策行为的参与权。二是对于政府作出的与财政投入资金使用有关的公务支出、公务员薪酬支出等对内决策行为的参与权。在我国当前阶段，由于法律上的概括性规定，政府在使用国家财政投入资金的过程中还存在各种违背公众根本利益的现象；为此，公众更应该享有以恰当的方式在政府使用国家财政投入资金过程中进行民主参与、民主决策和民主监督的权利。

总的来看，我国现行《宪法》虽未直接规定公民在国家财政投入监督运行领域享有参与权，但通过宪法解释方法，我们可以发现在制度、权利、程序三个方面，公众参与国家财政投入监督运行是有规范基础的。我国《宪法》“总纲”部分规定了我国的政治、经济、文化等制度。国家财政投入不仅与我国的民主政治相关，也与我国的经济和社会制度相关连，我国的人民代表大会制度为公众参与国家财政投入监督运行提供了宪法依据。我国宪法中有关公民基本权利的规定都是围绕着尊重和保障人权而进行的。公众参与国家财政投入监督运行不仅与公民的参政权密切相关，还与公民的知情权、监督权乃至请求权息息相关，我国宪法为公众参与国家财政投入提供了具体内容。此外，我国现有法律也为公众参与国家财政投入监督运行提供了依据。国家财政投入不仅关涉公民个体权益，也关乎公共利益的形成，我国现有法律都要求涉及公民利益和公共利益的事项需吸收公众参与，公众参与成为立法和行政决策的必经程序。因此，无论是从宪法角度还是从法律角度，我国公众参与国家财政投入监督运行都具备了规范上的合法性。

第四节 公众参与国家财政投入监督运行机制的范畴界定

我国当前步入了公众参与的时代,在立法听证、基层治理、环境保护、公共预算、行政立法、行政决策、城市规划、公共卫生、公共事业管理、政策绩效评估、司法诉讼等多个领域,都看得见公众参与的影子。尽管从现实必要性、理论正当性以及规范合法性方面为公众参与国家财政投入监督找到了理论基础,但公众参与何以要下潜到国家财政投入监督运行领域,需以其特殊性为由。它不是简单的公众参与具体化就能予以说明的;公众参与国家财政投入监督运行具有特殊性,这是本书立论的前提。因而,从现实必要性、理论正当性以及规范合法性维度厘清了公众参与国家财政投入监督领域的理论基础之后,接下来还需进一步廓清公众参与国家财政投入监督运行机制的基本范畴;唯有如此,才能聚焦出公众参与国家财政投入监督与其他领域的不同之处,从而才能展开制度评析与建构。

一、公众参与国家财政投入监督运行是一种特殊的税收法律关系

公众参与国家财政投入监督运行,不仅是公民宪法权利的体现,也是我国一项重要的法律制度。一项法律制度区别于另一项法律制度的标志就在于其调整的社会关系不同。广义上的法律关系是人与国家的关系,本质在于个人意志对国家意志的服从。狭义上的法律关系是指法律规范在调整社会关系的过程中形成的人

与人之间的权利和义务关系。① 我们采纳狭义的法律关系，并认为公众参与国家财政投入监督运行主要涉及的是税收法律关系。税收法律关系是指由税法所调整而形成的，在税收活动中各税收法律关系主体之间发生的，具有权利义务内容的社会关系。② 之所以认为公众参与国家财政投入监督运行涉及税收法律关系，理由在于：税收从其产生到被消费的整个过程涉及三个环节——税收立法、税收征纳和税收使用，而国家财政投入恰恰就是税收过程的第三个环节。不仅如此，在公共财政国家，公众作为纳税人有权对税收立法进行参与，有权决定税法中与其让渡私有财产直接相关的因素，如征税范围、税率和税收优惠措施等。同样地，公众还应当有权参与到税收资金的使用环节的决策中去，从而使财政投入资金的使用者能按照符合公众整体利益的用途和方式进行财政资金的使用。可以看出，我国公众参与国家财政投入监督运行所涉法律关系落入税收法律关系范畴。

既然我国公众参与国家财政投入监督运行主要涉及税收法律关系，作为税收法律关系的一个分支，公众参与国家财政投入监督运行的法律关系就既具有税收法律关系的共性，也具有其自身的个性，即特殊性，主要体现在以下两个方面：

首先，以纳税人权利本位为理念。以往我们的税收法律关系以纳税人义务为本位，强调征税主体是权利主体，单方面地享有征收税款的权力，而纳税人是征税义务主体，单方面负有缴纳税款的义务，税收法律关系呈现权利义务不对等的现象。③ 一直以来，税

① 参见雷磊：《法理学》，中国政法大学出版社2019年版，第82页。

② 参见刘剑文：《税法学》，北京大学出版社2010年版，第69页。

③ 参见刘剑文、李刚：《税收法律关系新论》，载《法学研究》1999年第4期。

法学界为把税收法律关系定义为纳税人和征税主体之间具有平等权利和义务而努力，倘若一直将税收法律关系的视阈囿于税收征纳关系上，纳税人的权利将永远只是那么一点程序性权利，将永无可能跳出“权利义务单边性”的套路，税收法律关系将永远被定格在以纳税人义务为本位的法律逻辑基点上。为此，我们将征收税款（“取之于民”）和使用税款（“用之于民”）两个环节打通，将税款流转的全过程作为税收法律关系的模型背景，这样就能真正实现权利和义务的双向流动，深层次地体现税收法律关系主体间的权利和义务的对等原则。公众参与国家财政投入监督法律关系，作为保持税收法律关系主体间权利义务平衡的重要环节，承担“矫正”之任务：其将纳税人的权利视为其理论底座和基调，并围绕这一逻辑起点进行相关权利义务的配置。以纳税人权利作为权利本位基石，意味着在公众参与国家财政投入监督法律关系中权利主体是纳税人，而义务主体是使用财政投入资金的相关主体：纳税人享有单方面的权利，不以任何义务为条件；而使用财政投入资金的相关主体负有单方面的义务，它们必须依法合理地使用国家财政投入资金，必须将财政投入资金用于纳税人的利益，可以将其称为“使用财政投入资金义务人”。只有在公众参与国家财政投入监督法律关系中无条件地偏重纳税人权利，以纳税人权利为本位，才可能为税收法律关系中“权利天平”的纳税人一极添加上至关重要的砝码，从而让纳税人和国家之间保持因为社会契约而应有的权利义务平衡。

其次，是多重利益的博弈与对抗。根据法律主体的多少以及权利义务是否一致，可以将法律关系分为单边法律关系、双边法律关系和多边法律关系。① 虽然多边法律关系可以在逻辑上分解为多个单边法律关系,但是,这种法律关系的客体往往是不能分割或不宜分割的,所以在实际操作上不能分解。② 在公众参与国家财政投入监督法律关系中,涉及的主体既有纳税人,也有财政投入资金使用主体,还有权力机关、行政机关、司法机关等,即公众参与国家财政投入监督法律关系实际上是由一系列相互依存、相互影响的法律主体共同组成的复合型关系。既有公众和财政投入资金使用主体之间的公众参与国家财政投入监督关系,又有立法机关和财政投入资金使用主体之间因合宪性审查而导致的公众参与国家财政投入监督关系;既有纳税人和国家财政投入资金使用者之间外部监督关系,又有目前就我国情况而言的审计部门和财政投入资金使用者之间的内部监督关系。由此,形成了一个由多方主体组成的多边法律关系。多边法律关系的性质,决定了公众参与国家财政投入监督运行是多重利益的博弈和对抗,最明显的是公众纳税人与国家财政投入资金使用主体之间存在直接的对抗性。行政机关及其工作人员拥有使用国家财政投入资金的权力。这个权力是把"双刃剑":它在赋予责任和义务的同时,也为权力拥有者带来了"不法"的便利。它既可以成为行政机关及其工作人员为纳税人服务的工具,又可能蜕变为贪污腐败、以权谋私的手段;而公众参与监督国家财政投入恰好是其权力的界限。正因为纳税人的参与监督是国家财政投入资金使用主体的权力界限、制约和限制,纳税人要尽可能避免财政投入资金使用义务人逃避法定义务、不当或

① 参见雷磊:《法理学》,中国政法大学出版社 2019 年版,第 85 页。

② 参见张文显:《法哲学范畴研究》(修订版),中国政法大学出版社 2001 年版,第 111 页。

不法使用财政投入资金，因此，纳税人和国家财政投入资金使用主体之间始终处于权利义务的博弈状态。

公众参与国家财政投入监督运行，是公民宪法上一项重要的权利，权利必须依托于法律制度方能实现。公众参与国家财政投入监督运行制度，是按照财政税收法律关系建立起来的。厘清上述公众参与国家财政投入监督运行的法律关系之性质与特征，是建立公众参与国家财政投入监督运行机制的起点之所在。

二、公众参与国家财政投入监督运行法律关系的主体

公众参与国家财政投入监督运行法律关系的主体，是指法律关系的参加者，即在该法律关系中一定权利的享有者，也就是权利人和一定义务的承担者即义务人。公众即纳税人是权利主体，公权力机关是义务主体。

第一，公众（纳税人）是国家财政投入监督运行的权利主体。公众参与国家财政投入监督的主体当然是“公众”，但何为“公众”？“公众”的范围有多大？我国现有法律并未明确回答。结合我国国家财政投入监督运行的实际，笔者认为，在公共财政模式下，“公众”本质上是指纳税人，且“公众”性质为“公人”，强调的是人在参与国家社会公共事务方面所享有的“公权利”，这些权利属于现代国家的公民权利范畴。一方面，国家财政资金来源于纳税人的私有财产权。我国现行《宪法》第13条规定了公民的合法私有财产不受侵犯。私有财产权是公民权利中最核心的权利，国家财政资金主要来源于税收，征税本质上是对公民私有财产权的直接侵害。之所以可以对公民财产权予以合理侵害，原因在于它以更好地实现和保障公民权利为前提，在此前提下公民根据契约理论，将自己的一部分私有财产作为赋税向国家缴纳，并由此成为纳税人。另

一方面,国家财政投入直接影响纳税人的权益。国家财政资金收入是对纳税人私有财产权的合理剥夺,国家财政资金的支出也间接影响公民的生活、工作与学习,即税收的支出和使用关系到公民人权保障和利益调整问题。因此,所有国家公权力的运行行为都可以归结为税收行为,税收涉及公民的生存权、平等权和社会权等诸多基本权利。纳税人不仅是国家财政经费的提供者,也是国家财政经费的直接承受者,因而纳税人理应是国家财政投入监督运行的权利主体。值得注意的是,纳税人是一个法律范畴,纳税人包括所有法律意义上的人——自然人、法人以及非法人组织;具有中国国籍的人和外籍人,甚至无国籍的人。只要他们发生了税法所规定的应税行为,产生了应税收入,就成为法律意义上的纳税人。人一旦成为纳税人,不仅应当承担法定的纳税义务,而且还成为权利主体,理应享有纳税人应有的权利。

第二,行政机关及其工作人员是国家财政投入监督运行的主要义务主体。纳税人可以参与国家征税权行使过程的各个方面,包括税收立法、执法和司法等各个方面,从而对征税权力形成制约;纳税人监督的对象就是行政机关及其工作人员。此外,我国间接民主理论还为纳税人提供了另外一套监督途径,那就是通过权力机关对行政机关及其工作人员进行监督。权力机关可以在两种情形下行使公众参与国家财政投入监督权:一是作为公众的整体代表监督行政机关及其工作人员的具体使用国家财政投入资金的行为,如审议政府的预算报告、审议政府的决算报告,以人大的名义对不法不当使用财政投入行为进行监督和制约。二是对行政机关抽象的使用国家财政投入决策行为进行合宪性审查。之所以将行政机关及其工作人员作为公众参与国家财政投入监督运行法律关系的义务主体,原因在于它是具体使用财政投入资金的主体。

行政机关及其工作人员成为公众参与国家财政投入监督指向的义务对象;它所承担的义务就是无条件接受公众监督,依照法律规定合理使用财政投入资金等。与权力机关不同,国家财政投入资金使用主体不仅以“行政机关”的整体面目出现,还同时以“其工作人员”的个体形式存在,两者都是公众参与国家财政投入监督运行法律关系的义务主体。

总之,公众参与国家财政投入监督运行法律关系是一个多层次、多维度的法律关系集合体:公众参与国家财政投入监督运行法律关系的主体既包括公民个体,又包括公权力机关及其工作人员,但主要是纳税人和行政机关及其工作人员。

三、公众参与国家财政投入监督运行法律关系的客体

法律关系的客体是一个比较有争议的概念,我们采纳通说的定义,认为法律关系的客体主要是指法律关系主体之间权利和义务所指向的对象。① 法律通常以分配权利和义务的方式来调整人们的行为。社会关系经由法律规范调整后变为法律关系,而社会关系一定是法律上权利人与义务人之间的行为关系。简言之,法律关系一定落脚于人的行为。法律权利和法律义务都建立在对人的行为之定性上,而人的行为一定有行为的对象,它以利益为目标,要么是保护或分配利益,要么是获取或转移利益:利益构成了将某种对象上升为法律关系客体的核心要素。鉴于税收法律关系的客体本质上为一种税收利益,笔者认为,公众参与国家财政投入监督运行法律关系的客体为:公众参与国家财政投入监督利益。

在公众、权力机关、司法机关与行政机关及其工作人员之间的

① 参见雷磊:《法理学》,中国政法大学出版社2019年版,第93页。

公众参与国家财政投入监督法律关系中，公众参与国家财政投入监督利益分别表现为纳税人享有的与之缴纳的税款对价的公共产品和服务的权利、非经法定程序行政机关财政投入决策不得被批准的权利、对行政机关及其工作人员提起诉讼的权利等；与之相应，行政机关及其工作人员分别应负有为纳税人提供对价公共需要的义务、必须经过法定程序使财政投入决策得到公众批准的义务、因不当违法使用国家财政投入资金应承担法律责任的义务等。总之，公众参与国家财政投入监督利益动态地贯穿整个公众参与国家财政投入监督法律关系中的各个环节和各个阶段，其核心体现为财政投入资金所关乎的利益。在公众参与国家财政投入监督法律关系中，国家权力机关作为纳税人的代表，有决定和批准行政机关使用国家财政投入资金的权力；这种为法律所赋予的权力从本质上看也是一种“法律利益”，因而它也是公众参与国家财政投入监督法律关系的客体。

既然公众参与国家财政投入监督本质上是一种利益，那么，接下来就需明确公众参与国家财政投入的范围，即公众可以参与哪些国家财政投入监督事务。首先，公众可参与国家财政投入决策。一是对于行政机关制定与国家财政投入有关的行政法规、规章或具有普遍约束力的行政规范性文件，以及其他重大行政决策和行政规划等对外决策行为的参与。二是对于行政机关作出的与使用国家财政投入有关的公务支出、公务员薪酬支出等对内决策行为的参与。其次，公众可参与国家财政投入的监督管理活动。国家财政投入的监督管理就是对国家财政投入资金的使用过程及其效果所进行的专门监督和控制活动，它是围绕国家财政投入决策所设立的目标而建立的一种约束使用财政投入资金主体行为的机制。国家财政投入的监督管理的主要功能在于及时发现和校正使用资金主体在执行财政投入决策时所产生的偏差，确保财政投入决策的有效执行。最后，公众可参与国家财政投入监督不利后果的救济。国家财政投入监督的不利后果主要包括两个方面：一方面是监督不力，如公众无法有效参与国家财政投入决策或国家财政投入的监督管理活动；另一方面是公众有效参与决策和监督管理后发现了问题，例如，国家财政投入决策违法，国家财政投入的资金被使用主体不当或不法使用等。这些不利后果产生后，公众应有权通过一定的途径得到救济，具体表现为行政复议、合宪性审查建议、行政诉讼等。可以看出，为有效维护国家财政投入监督中的法律利益，我国公众参与国家财政投入的范围也比较广泛，具体的参与方式也呈现座谈会、听证会、论证会等多种形态，保障了公众能有效参与国家财政投入监督。

四、公众参与国家财政投入监督运行法律关系的内容

权利、义务、责任是法律关系内容不可或缺的要素。前文在述及公众参与国家财政投入监督法律关系主体和客体时，兼及讨论了所涉主体之间的权利与义务，故此处不再赘述。在公众参与国家财政投入监督运行中，法律责任是非常重要的法律关系之内容。责任是指因违反义务或者仅因法律规定应为自己或他人的行为承担的不利法律后果。[①] 国家财政投入监督法律责任机制的建立，有助于公众更好地参与国家财政投入监督运行。

第一，公众参与国家财政投入监督运行的法律责任具有单向性。法律责任建立在法律行为基础上。与其他民事法律行为不同的是，公众参与国家财政投入监督行为是身份化的行为，各个主体

① 参见雷磊：《法理学》，中国政法大学出版社2019年版，第105页。

的性质和地位的不同导致其行为模式不具有内在通约性，无法设计一套统一的如“民事法律行为”一样的形式化体系对之加以规范，且公众参与国家财政投入监督行为是单向性的行为。民事法律关系具有“权利—义务、无权利—无义务”的双向性特征，而公众参与国家财政投入监督法律关系反映的是“权利—无义务、义务—无权利”的单向性结构特征。纳税人和国家之间的权利义务的对等关系是蕴含于整个的税款征收和使用的一个大的循环过程中的，税款的征收和税款的使用是这个大循环中的两个节点。其中，在税款的征收阶段中，更多强调的是纳税人依法纳税的义务和国家依法征税的权力；而为了平衡这个环节的行为单向性，在财政投入环节，就需要强调公众参与国家财政投入监督的权利和行政机关正当合法使用国家财政投入资金的义务。这个权利和义务没有条件作为交换，就是一个单向性的权利义务，因而使公众参与国家财政投入监督法律行为具有了单向性的特征。公众参与国家财政投入监督法律行为的单向性特征，为其“不必有了直接的损害后果才可以得到法律救济”提供了逻辑基础。

第二，公众参与国家财政投入监督运行的法律责任是受监督主体承担的不利后果。使用财政投入主体违反其法定义务后应当承担的法律责任成为参与国家财政投入监督主体——公众（纳税人）参与监督权利实现的关键。如果国家财政投入资金使用主体的违法行为不能被追责，那公众参与国家财政投入监督机制就是一项形同虚设的制度。只有能对监督受体追责，使不当或不法使用财政投入资金的主体承担相应的法律责任，才能真正建构起我国公众参与国家财政投入监督法律制度，使公众（纳税人）真正享有参与监督国家财政投入资金使用的权利。如前文所述，公众参与国家财政投入监督行为是一种单向性的法律行为，作为行为主体的纳税人或纳税人的受托监督人——权力机关和审计机关只享有监督的权利，不承担义务。既然没有义务，当然也不存在“违反法定义务应当承担的否定性法律后果”。因此，公众参与国家财政投入监督法律责任只是监督受体——具体使用财政投入资金的行政机关及其工作人员的责任。

第三，公众参与国家财政投入监督运行的法律责任承担方式具有特殊性。传统的民法、刑法和行政法责任体系中，都有财产性责任和非财产性责任之分；在公众参与国家财政投入监督法律责任中，监督受体同样应承担财产性责任和非财产性责任，只是需要特别考量监督受体承担责任的具体方式。一方面行政机关及其工作人员难以承担停产停业、吊销许可证或执照等非财产性责任；另一方面由于监督受体的资金财产主要来自财政补贴，如果要求其承担财产性责任，这种经济上的不利后果最终是由公众即纳税人来承担的。长此以往，纳税人会失去监督的激励，监督受体会失去被监督的威胁。因此，公众参与国家财政投入监督，需要不同于一般法律责任的承担方式。

具体而言，考虑到监督受体特殊身份，可以将其非财产性责任承担方式设计为两种：第一种是现行法律已有规定的、由直接责任人先行承担具体责任。如我国 2018 年修正的《预算法》第 92 条至第 94 条规定了擅自变更预算，截留、占用、挪用预算收入，动用国库库款，违法收支行为的法律责任，强调对相关的直接责任人员追究行政责任。2018 年修正的《预算法》第 96 条还规定了如果相关直接责任人员违反法律规定，构成犯罪的，要依法追究其刑事责任。第二种是由相关政府机构承担政治责任，如行政首长引咎辞职、政府部门机构缩减等，以使其付出“合法性减损”或“信用减等”

的代价。[1] 监督受体财产性责任承担方式也可以分为两种：一是由直接责任人承担经济补偿责任，要求直接责任人在承担行政责任的同时，还应由其承担经济责任。如对于贪污浪费、公款消费等不当、不法使用国家财政投入资金的行为，监督受体应该比照其贪污、浪费和公款消费的数额予以补偿。二是由相关行政机构承担的经济责任，主要是指比照其部门不当或不法使用财政投入资金的数额削减预算数额，这样便可以摆脱“纳税人追究责任—纳税人承担经济性不利后果”的“怪圈”。另外，与上述赔偿性责任相关的，政府机构还应当承担一种“实际履行”的责任，即本来应该用于为纳税人提供公共产品和服务的财政投入资金被挪用或被不当或不法使用后，纳税人本应享受的公共产品没有如约提供，这时行政机关及其工作人员除了要承担上述财产性和非财产性责任外，还应该继续地、实际地履行为纳税人提供公共产品和服务的责任。

综上所述，范畴界定是确立任何一项法律制度的前提。要厘清公众参与国家财政投入监督的内涵，就需要厘清其所涉法律关系的主体、客体与内容；唯有如此，才能说明该项法律制度与其他法律制度的不同之处，进而才能展开进一步的制度评析与构建。毋庸置疑，法律关系对制度的研究非常重要，可以说任何法学学科的研究都是以法律关系为核心进行的。公众参与国家财政投入监督，是我国税收法律关系的分支；它以纳税人权利本位为理念，涉及多重主体之间的利益博弈与对抗。因而，我们需要在明确其法律关系主体、客体、内容的基础上，探寻公众参与国家财政投入监督运行之路。总的来讲，我国公众参与国家财政投入监督运行具

① 参见张守文：《经济法责任理论之拓补》，载《中国法学》2003 年第 4 期。

有理论基础;纳税人与公权力机关之间的多重博弈,是我国现行宪法调整的一项重要社会关系;如何平衡纳税人利益与公共利益,是我国财政制度设计的原点;公众参与为健全我国现有财政制度提供了良好方案。

第二章　公众参与国家财政投入监督运行机制的实证考察

公共财政理念的确立改变了既往公众与政府在财政投入全过程中的权利义务关系：政府不再是财政投入的单纯管理者，而需要同时依法接受包括公民在内的各类主体对其财政投入决策、使用和绩效等的全过程监督与考察。确保国家财政投入的有效监督是推动国家治理体系与治理能力现代化的重要指标；公众作为国家财政的主要来源与最终投入目标，保障其对国家财政投入监督的参与是完善监督主体配置，促进公共财政目标实现的重要方式。党的十九大报告明确提出，要“发挥社会主义协商民主重要作用……保证人民在日常政治生活中有广泛持续深入参与的权利”。相较于具有法定财政投入监督权的各个国家机关,依据宪法及其他法律规定,公众参与国家财政投入的监督主要体现在公众的直接参与,公众借由代议机关——人大间接参与国家财政投入的决策、决策的执行,以及经由向检察机关检举、控告,通过检察机关提出检察建议及检察公益诉讼来实现的事后救济。到目前为止,我国公众参与国家财政投入监督的主要改革成就更多体现在地方政府所主导的各种参与式实践中。

公众参与国家财政投入监督权生成的利益基础在于对国家财政投入使用过程中的监督诉求;这些监督诉求不仅仅是对于国家财政投入状况的公益性关注,更多是因相关财政投入与公众的切身利益息息相关的私益关注。任何权利的主张或诉求都应植根于主体对现实生活相关利益的回应,公众参与国家财政投入监督权的实现,理所当然地也应当有实践的根基。本章即聚焦各地政府主导的公众参与国家财政投入监督改革实践,以不同层级国家财政投入的全过程为研究对象,纵横交互地深入考察公众参与国家财政投入监督权的具体实现状况:首先,根据《预算法》第45条的规定,县级以下的财政投入决策应当采用多种方式,组织本级人民代表大会代表,听取公众(选民)和社会各界的意见。越是基层的财政投入,与公众的直接利害关系越大,强化公众参与财政投入的监督就越具有必要性和正当性。因此,在纵向的维度,我们将首先考察与公众利益直接相关的基层财政投入监督中的公众参与改革;在此基础上,再将考察对象扩展到层级更高的市县财政等范围。其次,在横向的维度,我们将对公众在国家财政投入决策(事前)的参与、国家财政投入执行过程中(事中)的参与以及公众对国家财政投入绩效监督(事后)的参与进行全过程考察。本章最后将基于上述实证梳理,总结出我国公众参与国家财政投入监督现状中所体现出的机制性问题。

第一节　公众参与国家财政投入决策的基层经验

研究公众参与国家财政投入监督在我国的实践情况，基层公众的参与实践是不可忽视的考察逻辑起点。相比省级、市级财政投入监督中的公众参与改革，农村的乡镇和城市的街道是目前我国公众参与国家财政投入监督改革实践比较普遍的财政层级。在对具体案例进行考察的过程中，我们发现部分实践中公众对财政投入监督的参与可能仅仅体现为社区层级，如海口市美兰区与南昌市西湖区的参与式改革实验。严格地说，社区财政并非我国《预算法》中所确立的财政层级，但其财政投入的本质依旧可以归入乡镇/街道财政投入的范畴，本节所述的北京市麦子店街道公众参与财政投入监督实践就充分体现了这种社区财政与街道财政的关系。社区财政投入监督的公众参与在国际上也有循例，2003 年日本名张市开始将其年度财政投入中一小部分财政资金，分给该市的 14 个社区，由每个社区筹建一个委员会，专门征集公众的需求，并在此基础上决定如何使用这笔资金，然后由这些社区委员负责项目的执行，将财政投入的资金提供给公众，由公众自己执行他们需要的项目。

本节考察公众参与国家财政投入决策的基层经验，主要研究对象包含社区财政投入在内的乡镇/街道财政投入的全过程监督。这些政府主导的参与式改革实践可以大致分为项目式改革实践与制度化改革成果两大类别。制度化的公众参与社区财政投入监督主要源自长三角地区，由早期的上海市惠南镇通过人大代表参与的“点菜”模式，到江苏省无锡市实践中公众对财政投入决策的直接选择，形成了一整套公众参与国家财政投入监督的制度成果。

相较而言,项目式改革实践因其临时性和试验性的特征,往往在开展的广度和深度上都能取得不同的突破。

一、基层公众参与财政投入监督的项目式改革实验

基层公众参与财政投入监督的项目式改革并非对每年度全部财政投入的监督,而是依托某一笔资金或某一个项目,不定时开展的公众参与监督改革实践。此类改革实验中,以"哈尔滨模式"为最早代表,在全市较为广泛的范围内均有开展;后期的"美兰模式"与"西湖模式"虽然都只是一次性的实验,却体现出了更具深度的公众参与。

(一)哈尔滨的项目式公众参与财政投入监督改革(2006年)

在中国发展研究基金会的支持下,哈尔滨市公众参与财政投入监督的改革起步较早。从2006年起,该市即在市委、市政府的统一领导下,陆续在市级以及市辖8区10县的部分街道与乡镇广泛展开各种形式的公众参与实践。不同于焦作市实践中(本章下文将详细论述)所形成的制度化推广公众参与市级财政投入决策的改革,哈尔滨市的相关改革虽然以市财政局为主导,但公众参与财政投入决策的对象还是以街道为主。

哈尔滨市公众参与财政投入监督改革的一大特色是同时在城市社区与农村乡镇展开。虽然也在实践中出现了各种各样的形式,但无论是财政投入决策和执行中的公众参与,还是以协商会、听证会、讨论会等方式听取公众意见,都围绕特定项目开展。"在项目的选择上有较强的政府(财政部门)主导性",[①]民众的参与决

① 《哈尔滨市推行参与式预算的情况》,载顺德城市网2022年4月20日,http://www.shundecity.com/view-136271-1.html。

定多限于“投票选举是哪个第一修，哪个第二修”，以及“政府的钱花到哪里、花得好不好”的意见表达。[①] “哈尔滨模式”虽然具有主导部门层级高、实践覆盖范围广、实践历经时间长等特点，但公众对于财政投入资金使用的决定权尚未达到海口市美兰区与南昌市西湖区参与式改革的深度。此外，“哈尔滨模式”还存在参与项目单一（多为社区庭院改造、文化健身广场建设、社区图书馆建设等为主）、以后期管理式参与为主、居民代表作为公众参与主体的代表性不足等其他问题。

（二）海南省海口市美兰区的“双创微实事”实践（2016 年）

2015 年 7 月，为改变海口市城市面貌落后、基础设施老旧的状况，市委、市政府决定抓住“创建全国卫生城市”与“创建国家卫生城市”的契机，实施一大批用于基层社区的民生改善工程，并在这一过程中，在社区财政投入决策中引入了公众参与。美兰区上述改革的开展方式为：由区政府在其 2017 年度“为民办实事”财政资金中专项划拨 600 万元，作为“双创微实事”的项目资金，每个街道各配置 105 万元实施街道层面的项目，13 个社区各配置 30 万元实施社区层面的项目。如何使用配置的财政资金，由 13 个社区的居民提议并投票来决定。[②] 自 2016 年 12 月 8 日起，美兰区以“全民提案，全民决议”的方式，在街道和社区层面真正实现了居民参与政府公共事务的决策，并形成了“区政府—街道—社区—居民”四级联动机制，实际解决了当地存在的问题，在公众参与和协商民主

---

① 参见《哈市“参与式预算”：让公共财政更透明》，载哈尔滨新闻网，https://harbin.dbw.cn/system/2007/07/05/050880181.shtml。

② 参见李凡、叶清逸、项皓：《参与式预算的新突破——海口美兰区的“双创微实事”试验》，载《中国改革》2017 年第 5 期。

的深度和广度上达到前所未有的扩展。① 因其是在双创背景下为民众办“微事”、“小事”与“实事”,故被称为“双创微实事”公众参与式改革。

(三)江西省南昌市的“西湖模式”(2017年)

南昌市西湖区的改革启动于2017年10月29日,其主要内容是从西湖区政府2018年财政投入中拿出830万元,分配给每个街道层面100万元,社区层面30万元。社区内15周岁以上的居民都有提案权,街道、社区、居民、社会组织(校友会、高校志愿者)共同对提案进行分类筛选与排序,后提交社区全体居民投票选出纳入财政投入计划的项目。在项目执行过程中及项目完成后,社区居民都有权对项目实施情况进行督查。② 有学者将南昌市的这次改革经验总结为“西湖模式”或“西湖经验”:通过社会组织的动员,推动社区、街道的积极参与,进而调动公民的参与积极性,而区政府对基层组织的充分赋权,为决策过程的公开和与居民的反复协商实践提供了可能。③

相较于“双创微实事”公众参与式改革更注重财政投入决策中的公众参与,“西湖模式”强化了在项目实施过程中和项目结束后公众对政府财政投入监督的参与。海口市美兰区与南昌市西湖区的这两次改革是在我国引入公众参与国家财政投入监督改革十多年后,在学习借鉴浙江省温岭市、上海市惠南镇、江苏省无锡市、云

---

① 参见项皓:《全民提案与全民决议:海口美兰区参与式预算的制度创新》,载《兰州学刊》2019年第5期。

② 参见周杨康:《基于南昌市西湖区参与式预算改革案例研究》,载《管理观察》2018年第22期。

③ 参见尹利民、刘威:《赋权、动员与参与:参与式预算改革的“西湖经验”》,载《学习论坛》2019年第3期。

南省盐津镇等地实践经验的基础上开展得比较成熟的实践案例。但正如两者“双创微实事”公众参与式改革、“幸福微实事”公众参与式改革之名所显示的那样，海口市与南昌市的这两次改革实践还只是一种项目式的实验，并未形成制度化的改革成果。

二、基层公众参与财政投入监督的制度化改革成果

真正的制度创新应当体现在三个方面：改革试点的成功、制度化的体现以及创新的可复制性。在国际实践中，制度化地从政府财政中划出一定份额开展公众参与的实践不乏循例。例如，日本市川市在2005年实施的“百分之一参与计划”。该市从财政收入中的住宅税收入里留出1%，由非营利性组织报送包括支出表的年度行动计划，然后经过市政府组织的开放式会议表决，最后经地方纳税人投票表决后交给非营利性组织进行项目的实施。“百分之一参与计划”区分了纳税人和非纳税人，只有住宅税的纳税人才能参与投票，通过参与投票，每个纳税人把相当于其所纳的个人所得税的1%定向投给了其选定的非营利性组织，从而实现了纳税人和非营利性组织之间的绑定。

“惠南模式”、“无锡模式”和“麦子店模式”可以算作我国公众参与基层财政投入监督完成了制度化建设的典型案例。其中，“惠南模式”是借助乡镇人大代表的财政投入监督权，间接实现了公众参与财政投入的监督；“无锡模式”则是在上海市惠南镇改革基础上，通过选出的公众代表，完成财政投入决策中的监督；北京市麦子店街道的公众参与财政投入监督实践不仅包括对社区财政使用决策、使用过程和投入绩效的考察，还涉及对街道财政向各社区进行财政分配的监督。

(一)上海市南汇区惠南镇的“点菜”改革(2003 年)

上海市南汇区惠南镇于 2003 年年底开始,针对 2004 ~ 2006 年,投入镇财政 15%,涉及 32 个项目,花费近 1.5 亿元的“实事工程项目”开展人大代表直接决定的“点菜”改革,并于 2007 年制定《惠南镇实事工程实施办法(草案)》,将上述人大代表“点菜”机制制度化。按照《惠南镇实事工程实施办法(草案)》的规定,政府每年在决定该笔专项费用的具体实施项目时,须征求人大代表的意见。各位人大代表则需要提前收集、汇总各自选区的群众意见,最终将群众普遍需要且得票较多的项目提供给政府加以实施,谓之“点菜”。此间,人民群众广泛关注的就业问题、合作医疗报销问题都借由这一机制得到了“实事工程项目”的有效落实。仅从合作医疗专项补贴经费来看,已经从 2004 年度的 83 万多元增加到 2006 年度的 580 万元,报销比例由 2004 年度的 35% 增加到 2007 年度的 55%。① 惠南镇的这种财政投入参与式改革模式受到上海市的关注,并在南汇区广泛推广。主持浙江省温岭市财政投入参与式改革的陈奕敏对惠南镇“点菜”改革也给予了高度评价:“大多数基层政府都不愿意将预算细化并对社会公开,因为这样一来政府的财政机动性会减少很多。而惠南镇的 15%,是公共财政的民主化,既发挥了人民代表大会的作用,也在政府可接受的范围之内。”②

(二)无锡市民的财政投入项目选择(2008 年)

江苏省无锡市从 2005 年开始探索财政投入决策的公众参与式改革,并于 2006 年试点。2008 年,无锡市政府获得上级政策支

① 参见周扬:《上海基层的财政预算民主化试验“点菜”》,载《21 世纪经济报道》2007 年 7 月 20 日,第 1 版。

② 周扬:《上海基层的财政预算民主化试验“点菜”》,载《21 世纪经济报道》2007 年 7 月 20 日,第 1 版。

持，设立了公众参与财政投入决策的专项基金，这项基金占该市财政投入总额的3%，每个街道从该项基金中领到20万元。无锡市公众参与财政投入决策的项目多是10万~30万元的小型公共项目，如基础设施建设和当地就业项目等。这些项目的财政投入决策都引进了公众的多层次参与磋商，其参与的步骤包括：首先，由街道政府邀请辖区公众提出初步的项目建议；其次，由基层党组织通过召开党员大会对这些项目建议进行筛选，确定其中的四个项目；最后，由80~90名辖区公众对确定的项目进行讨论和投票，决定财政投入的项目。无锡市财政投入决策公众参与式实践将以往的“政府配菜”转变为“百姓点菜”，不仅让财政透明，也调动了群众的参与热情。无锡市的上述改革区别于上海市惠南镇的“点菜”改革，不再通过人大代表间接表达群众意见，而是由群众直接表达其意见，决定财政投入项目。后来山东省济南市槐荫区推广实施的“百姓点菜，政府埋单”居民参与财政投入决策等国内实践、美国纽约于2011年开始实施的社区财政投入参与式改革（Participatory Budgeting in New York City，PBNYC），亦同此例。

（三）北京市朝阳区麦子店街道财政投入改革试验（2013年）

北京市朝阳区麦子店街道从2011年起就采用问卷调查、协商会谈和社区议政代表表决等方式，在财政使用中尽量问政于民，加强财政民主。上述相关政策因为公众的实际参与度和决策权仍旧局限，导致实施过程中社区居民的参与积极性不高。2013年，麦子店街道决定从税收返还的资金中拿出100多万元用于社区民政支出，并且将这笔财政投入的决定权直接交给社区居民自主决定。“麦子店模式”以社区为单位组织项目向街道申报，通过街道项目协商会的陈述、答辩和评审团投票来最终决定相关财政经费的使用。“麦子店模式”探索了一般财政资金投入时的公众参与，并在民主问政的同时杜绝绝对公平和"吃大锅饭"等问题，发挥基层的自主性，在竞争中提高财政资金的合理高效使用，展现了公共实务群策群力、自己决定自己负责的基层自治有效尝试，并在这一过程中促进了基层公共基础设施建设的公私合作。北京市朝阳区麦子店街道的实践通过政府放权扩大公众参与的空间，将政府民生项目资金中的一部分交由社区居民自主决定，而非政府全程"包办"，是我国公众参与财政投入监督改革的一次进步。①

三、基层公众参与财政投入监督的改革实践小结

下述六个公众参与基层财政投入监督改革案例开展的时间跨度较大，地域分布较广，主导改革的政府层级和公众参与的方式、程度等也有所差异。表2-1按照"启动层级"、"财政投入层级"、"可决策范围"、"参与方式"、"参与决策的效力"和"制度化情况"六个方面对这些案例进行全面考察和详细梳理，通过具体对比，分析每种实践模式的特点与优势、长期开展的制度化建设情况以及经验的可复制性。

表2-1　我国社区财政投入监督中的公众参与改革实践对比

案例	启动层级	财政投入层级	可决策范围	参与方式	参与决策的效力	制度化情况
"哈尔滨模式"	市级	乡镇/街道级	特定项目财政投入	间接	政府主导下的参与	制度化的项目模式

① 参见滑璇：《麦子店预算民主试验》，载《中国新闻周刊》2013年第30期。

续表

案例	启动层级	财政投入层级	可决策范围	参与方式	参与决策的效力	制度化情况
“美兰模式”	市级	社区	“为民办实事”财政资金	直接（社区全体居民投票）	提案权投票权	实验性的项目模式
“西湖模式”	区级	社区	专项资金财政投入			
“惠南模式”	镇级→区级	乡镇/街道级	“实事工程项目”资金	间接（通过人大代表转达）	参与意见表达的建议权	制度化
“无锡模式”	市级	社区	公众参与专项资金	间接（80～90名辖区公众代表讨论和决定财政投入项目）	提案权投票权	制度化
“麦子店模式”	街道	乡镇/街道级	税收返还中的专项资金	间接（选出评审团投票）	提案权投票权	制度化

由表2－1对比可知，北京市朝阳区麦子店街道的参与式改革将公众参与财政投入决策与社区竞争街道财政分配结合起来，区别于其他纯粹的公众参与决策实践。哈尔滨市与无锡市的财政投入决策参与式改革虽然都是市政府或市财政局主要发起和推动的，但公众参与决策的对象仍局限于社区财政。相较而言，“哈尔滨模式”更加注重政府在项目选择、公众参与范围等方面的主导，公众实际参与程度不高，未形成制度化的公众参与财政投入决策

之机制。无锡市则参考了上海市惠南镇的"点菜"改革,较之上海市惠南镇仅通过人大代表间接转达民众意见的议会体制内改革,"无锡模式"实现了社区居民代表自己参与社区财政投入决策的突破。"无锡模式"虽然以"政府主导、群众参与、规范操作、促进发展"为基本原则,但也强调"公众参与"是财政投入决策参与式改革的核心与生命力。另需指出的是,"无锡模式"中的居民代表并非全体居民选举推出,而是采用广纳民意的方式推荐得出。这种"推荐制"与浙江省温岭市的"乒乓球摇号随机抽样式"成为我国目前参与式改革实践中公众代表或居民代表的主要选择方式。在云南省盐津镇的财政投入决策参与式改革模式中,群众议事员则是综合上述两种方式而产生。

海口市美兰区和南昌市西湖区的财政投入决策参与式改革试验可以说是更加全面且深刻的大胆尝试,两地分别借助"双创微实事"与"幸福微实事"的契机,从公共财政中拨出专项经费用于改善基层民生项目。"美兰模式"与"西湖模式"实现了居民个体的提案权与全体居民的直接表决权,但目前两地均未将上述改革试点经验制度化长期实施。

第二节　公众参与国家财政投入决策的域外考察

除基层财政投入监督中的公众参与式改革外,近年来,我国在更高层级财政投入中的公众参与实践也得到了充分的探索和发展。基层财政投入与一般公众有更加直接的相关性,公众能够更加简单、容易地了解相关财政投入的背景,更加便捷、充分地在财政投入使用的全过程开展监督。相较而言,县级财政、市级财政乃至更高层级财政投入中的公众参与则存在知识鸿沟、决策成本与决策效力等诸多问题限制。因此,如何在更高层级的政府财政投入中有效实践公众监督权,既需要总结我国现有改革成果,也有必要全面考察比较法中的成熟经验。

比较法上,公众参与国家财政投入监督的实践最早源于巴西的阿雷格里港。除巴西外,拉丁美洲其他国家和地区也不断实践着让公众参与国家财政投入的监督,并产生了以下重要影响:第一,公众参与式的监督形式得到了各方行为体的认可,增加了国家财政投入整个运行过程的透明度,从而减少了腐败。第二,公众参与国家财政投入监督有利于减少庇护主义产生的概率。第三,公众参与国家财政投入监督有力地促进了国家加大对穷人的财政投入力度,很多研究结果表明,穷困地区所获得的财政投入比富裕地区要多。第四,如果将公众参与更紧密和更广泛地与行政机构的运行结合起来,将有利于提高后者提供公共服务的效率和现代化水平,同时也会增强公众参与国家财政投入监督的力度和效果。

在欧洲,英国、葡萄牙、德国和意大利等国家和地区都出现了公众参与国家财政投入监督的实验。公众参与国家财政投入监督在欧洲呈现了多样性,学者们采用了一个名为“参与式程序模式的分类法”,按照公众参与监督的缘起、参与的组织形式、参与所商议的内容范围以及公众的组成和所扮演的角色等方面,将欧洲的公众参与国家财政投入监督的实验分为了以下六种模式:(1)阿雷格里港模式;(2)就近参与模式;(3)公共财政咨询模式;(4)利益关联者监督模式;(5)社区参与监督模式;(6)利益集团参与模式。

就美国而言,其制度本身更加坚信民选议会的民主代表性,故其财政投入接受公众参与监督的时间较晚,于2009年才被正式采纳并试点实施。在亚洲,公众参与国家财政投入监督虽然晚于欧洲,但其发展速度明显加快。亚洲的公众参与模式尽管在原则与方法上与其他大洲有某些共同之处,但也呈现诸多明显的原生性特点。亚洲实践的这些特殊性显示出其对公众参与国家财政投入监督与政治、经济和行政治理之间关系的深入思考。亚洲和拉丁美洲很多国家的公众参与实践都体现出了各国因地制宜探索适合本国国情的国家财政投入监督改革经验。例如,在印度喀拉拉邦的参与式实践中,有实权的村民大会每隔三四个月便会召开一次;又如,在巴西阿雷格里港参与式国家财政投入监督改革中的公众代表,每年都会重新改选,这个制度创新改变了传统西方代议制民主中若选举出一个不合理候选人,通常只得承受和忍耐 4 ~ 5 年方可再选的尴尬局面,使民众能够更加有效地参与国家公共财政投入监督。

本节在此选取了巴西阿雷格里港、印度喀拉拉邦和韩国三个公众参与国家财政投入监督的典型案例详细考察,以兹为我国在各级财政投入中实现公众参与监督提供有益的借鉴。

一、巴西阿雷格里港模式:公众参与国家财政投入监督之开端

1988 年,在巴西的阿雷格里港,新左翼政府期望有更多共同决策权的产生,加之公众特别是社区协会也提出了相同的要求,因此,公众参与国家财政投入监督成为一种满足上下需求的务实的制度变革产生了。

阿雷格里港的公众参与国家财政投入监督秉承着一个基本理念,即让公众参与公共资金的配置,让公众对财政投入拥有一定的决策参与权和监控参与权。阿雷格里港的公众可以依循两条路线参与国家财政投入监督:一是按照行政管理层级划定的三层线路,即最基层的大会、区一级的大会和一个由其代表组成的区级参与

理事会以及更高一级的城市层面的总参与理事会；二是按照一定的专题设定线路，如住房、文教、医疗等特别机构。公众通过推举代表参与具体监督活动而让自己的利益得以体现，所有代表只得到了基层公众一年的授权，他们的代表行为受到基层公众的监督，随时可能被罢免。公众代表大多对年度公共财政投资项目进行讨论和监督，而城市的财政收入和一些固定的结构性支出项目，例如，公务员的工资支出等不被纳入其监督的范围或仅仅作为次要项目进行监督。

阿雷格里港的公众参与呈现以下特征：首先，公众代表是由地区会议选举出来的；其次，阿雷格里港的公众参与国家财政收入监督只针对一半的财政投入，而余下的财政投入没有进行公众参与国家财政收入监督的实验；最后，阿雷格里港的公众参与国家财政投入监督中公众与地方政府工作人员的合作并不紧密，公众与政府工作人员仍然处于两个分离的决策空间。

阿雷格里港的公众参与国家财政投入监督改革的成果总体是可观的：首先其参与人数每年呈递增趋势，而且参与人涉及社会各个层面。其次参与的对象主要投向了最落后的地区。最后也是最关键的成果在于公众参与国家财政投入监督改善了政府执政的效果，一方面，在众目睽睽的监督之下，腐败难以找到滋生的土壤；另一方面，公众参与也促进了行政机构提高公共服务的效率。

二、印度喀拉拉邦模式：亚洲首个公众参与国家财政投入监督的实践

亚洲第一个也是非常著名的公众参与国家财政投入监督实验发生于 1996 年的印度喀拉拉邦，市一级和省级机构都踊跃地参与其中。喀拉拉邦的公众参与国家财政投入监督的实验是由印度共

产党较年轻的政党领导人倡导的。1996 年至 2009 年,公众参与对该邦约 40% 的财政收入进行投入决策,呈现以下三个特点:首先,它通过一种自上而下的政治决定动员了公众,聚集了一批受过培训的人才和积极分子,从而使公众参与监督的讨论变得有质量;其次,公众推选出代表,让他们参与财政投入决策的各个阶段,让他们具有发言权;最后,喀拉拉邦的公众参与国家财政投入监督渐渐地具有了"因应性",即它会随着政治、经济和社会状况的变化而有所改变,从而使它能经历邦政府的更迭而存续下来。

三、韩国的公众参与国家财政投入监督模式:亚洲最发达的制度化公众参与实践

公众参与在韩国具有较长的历史,虽然公众参与国家财政投入监督是从公众自发行为引入的,但是其在全国范围的扩展和传播还是通过中央政府完成的。时任卢武铉总统将公众参与定位于一种国家各个机构赢得公众的信任和信心的途径,公众参与使政府的财政支出更加透明而且可以问责。卢武铉执政的政府(2003~2008 年)也被贴上了"参与式政府"的标签,全国 246 个地方政府中有 90 个从 2009 年起颁布了公众参与国家财政投入监督的相关法令。大多数地方政府(包括很多尚未颁布公众参与国家财政投入监督法令的地方)建构起了行政机构与公众沟通的渠道,从而为公众参与国家财政投入监督在韩国的扩展做出了卓越的贡献,使韩国成为公众参与国家财政投入监督最发达的亚洲国家,也是世界范围内公众参与国家财政投入监督最具生机的国家之一,其中,最著名的实验之一是在蔚山东区。

蔚山东区作为一个工业中心,其人均工业总值、劳动力的相对量以及公共服务的质量在所有大都市中都是较高的;此区的财政

收入有66.2%来自中央政府或蔚山政府，只有12.2%的收入源于本区。该区执政者在2004年开始了公众参与财政投入监督的实验，以期提升本区的财政透明度和政府的可问责性。东区的公众参与财政投入监督只针对本地区税收收入，而不监督其他来源的财政收入。东区的公众参与财政投入的监督有以下特征：首先，公众委员会成员从志愿者中公开挑选，而且还要对其进行参与培训；其次，东区的公众参与对所有的地方税收收入的投入进行监督；①最后，公众与政府工作人员的合作程度较高，公众可以在第一轮中就财政投入决策提出建议，并经过政府工作人员检查后成为第一轮投入决策的草案。同时，还可以增加公共机构的提议，并交由公众委员会审查，最后交由财政投入理事会进行决策和批准，所以，东区的公众参与模式真正体现了公众在财政投入监督过程中的平等参与。

四、小结

表2－2　公众参与国家财政投入监督实践的国际经典案例对比

案例	启动层级	财政投入层级	可决策范围	参与方式	参与决策的效力	制度化情况
巴西阿雷格里港	市级	市、区、基层三层财政＋专项财政	一半的财政投入	基层直接＋更高层级间接（选举出公众代表）	公民投票议题优先性；参与预算委员表决要素计算权重；决策是公民投票权（议题优先性）和委员权力（权重安排）的结合	制度化

① 参见张俊华主编：《亚欧参与式预算——民主参与的核心挑战》，上海人民出版社2012年版，第35～45页。

续表

案例	启动层级	财政投入层级	可决策范围	参与方式	参与决策的效力	制度化情况
印度喀拉拉邦	省级	省级、市级	40%的财政收入	间接（公众代表）	确定优先选项；对项目实施进行初步表决等	制度化
韩国蔚山东区	基层引入，中央政府引导	区级	本地区的税收收入	间接（从志愿者中挑选公众委员会成员）	全面的监督权；广泛合作下的建议权	制度化

资料来源：参见张俊华主编：《亚欧参与式预算——民主参与的核心挑战》，上海人民出版社2012年版，第60～75页。

上述三个国家财政投入监督的公众参与式改革国际案例均有各自产生的历史背景，又基于各国的具体国情而呈现不同的样态，形成了不同的经验。巴西阿雷格里港是公认最早践行公众参与国家财政投入监督的地区，其主要发生动力在于通过公众参与国家财政投入及运行的监督，来遏制传统政治制度下无法应对的腐败问题。阿雷格里港的参与式试验一经启动即取得了较为明显的社会效果，在后来的不断发展中形成了包含市级财政、区级财政以及基层财政的全面公众参与模式。在不同财政层级的公众参与实践中，综合考察财政用途与居民生活的直接关联性、公众参与财政投入决策与运行监督的成本及效率，阿雷格里港公众参与决策与监督的财政仅占全部公共财政投入的一半，并采用基层财政公众直接参与结合市级财政公众间接参与的模式，在民主、透明、公开与效率之间达到了一个较好的平衡。

韩国的政治选举周期为5年，时间较长，中央政府和各地方政府均将公众国家政府财政投入监督的实践看作强化执政基础、赢得公众信任的重要方式。在全国大部分地区都展开了丰富且深刻的参与式改革,形成了较多制度性改革成果。韩国的实践直面选举民主忽视或无法解决的民众利益诉求,直接赋权于民,可以看作发达国家中公众参与国家财政投入监督实践的典范。

与韩国相比,印度喀拉拉邦的探索则清楚地证明了公众对国家财政投入监督的参与并非发达国家特有,在发展中国家甚至贫穷地区,在做好宣传与教育的基础上,也能因地制宜地在国家财政投入监督中开展公众参与,并借此增加社会福利,缩小贫富差距。

第三节　公众参与国家财政投入监督的横向实践考察

所谓公众参与国家财政投入监督的横向实践,是指在财政投入的前期决策监督、中期执行监督和后期绩效监督中实现公众参与。本节内容即将在考察我国公众参与国家财政投入监督的横向实践的基础上,探讨如何在国家财政投入全过程中,科学而多元地配置公众参与监督权。

本章第一节在探讨基层财政投入监督中的公众参与时,对不同实践案例中公众参与的横向范围均进行了简单介绍。其中,“美兰模式”与“西湖模式”的公众参与并非通过人大代表或公众代表代理进行,而是放开了广大社区公众直接参加社区财政投入决策的过程。这两次参与式实践的突出经验就在于公众在决策过程中参与的广泛性。但是,在财政投入执行过程和绩效考核中囿于过程监督的长期性和绩效监督的专业性,难以实现“美兰模式”与“西湖模式”那样如此广泛的公众参与。通过横向考察,“美兰模式”与“西湖模式”在财政投入的中期监督和事后监督公众参与实现上,确实存在明显不足。合理安排财政投入前期决策、中期执行和后期绩效监督中的公众监督权配置,就必须平衡好民主与专业、民主与效率之间的矛盾与冲突。本节以下即将聚焦此三方面的公众监督权实现问题,横向考察我国各地的具体实践经验。

一、公众参与国家财政投入决策的主要模式

在国家财政投入决策中实现公众参与的典型案例首推浙江省温岭市的民主恳谈会,其亦被称为我国参与式民主的奠基之作,与此较为类似的改革还有云南省盐津县的民主议事会。此外,河南省焦作市与安徽省淮南市全面探索了从市级财政到基层财政投入决策中的公众参与经验,包括项目评审会、财政投入决策听证制度、财政投入决策的网络测评制度、问卷调查与公开征求意见等。当然,上述改革实践中的公众参与财政投入监督并不局限于前期决策阶段,本节后两部分还将对其中涉及财政投入中期执行监督和事后绩效监督的公众参与实践加以探讨。

(一)民主恳谈会/民主议事会

1.“温岭模式”:民主恳谈会

所谓民主恳谈会,是指政府或人民代表大会在公共事务的决策中,将利益相关的公众召集起来,积极听取不同利益群体意见,通过多种形式的沟通、讨论,最终形成可供政府与人民代表大会进行最终决策参考的建议。① 民主恳谈会始于浙江省温岭市,该市

① 参见牛美丽:《预算民主恳谈:民主治理的挑战与机遇——新河镇预算民主恳谈案例研究》,载《华中师范大学学报(人文社会科学版)》2007 年第 1 期。

早在1999年就开始在乡镇探索民主恳谈会。2001年，在温岭市委宣传部的主导下，早期的对话型民主恳谈会逐步深化为决策型民主恳谈会。2004年中共温岭市委印发《关于"民主恳谈"的若干规定(试行)》，在全市范围内推广决策型民主恳谈会。① 决策型民主恳谈会的典型案例包括2001年6月22日潘郎镇岙里村召开的"旧村改造"民主恳谈会、2005年泽国镇城镇建设工程项目预选民主恳谈会等。② 温岭市早期的决策型民主恳谈会较类似于本章第一节中所述的项目性公众参与实践，又被称为"泽国模式"。③ 而在2005年7月，温岭市新河镇在温岭市委宣传部的推动和指导下，开始尝试将民主恳谈会模式运用到一般公共财政投入方案的编制过程中，制定了《新河镇参与式预算民主恳谈实施办法》，率先拉开温岭财政投入决策公众参与式民主恳谈的序幕，被称为"新河模式"。相较于早期的"泽国模式"，"新河模式"则是将公众可以参与的财政投入决策从重大项目扩展到了一般性的公共财政投入，让公众直接在财政投入方案的编制过程中与政府部门、人

① 参见陈奕敏主编：《从民主恳谈到参与式预算》，世界知识出版社2012年版，第8页。

② 参见陈奕敏主编：《从民主恳谈到参与式预算》，世界知识出版社2012年版，第9～13页。

③ "泽国模式"可以总结为三个阶段：第一阶段由政府针对事关民生项目的财政投入决策以问卷的方式向民众进行意见收集，并根据2‰的比例随机抽取民意代表；第二阶段是召开民治恳谈会，由民意代表再次对相关项目进行讨论、决议，排定实施的优先顺序，人民代表大会及政府代表列席民主恳谈会，及时听取相关意见；第三阶段则是政府财政投入方案编制单位根据民主恳谈会的结果调整财政投入方案，最终提交人民代表大会审议，人民代表大会也在民主恳谈会意见的基础上对相关预算作出表决。参见张丽：《基于一般政治系统理论的参与式预算运行机制——以浙江温岭为例》，载《地方财政研究》2018年第3期。

大代表进行讨论、对话、协商，提出意见与建议，①以供政府财政投入方案编制部门参考、采纳。“新河模式”中公众参与财政投入决策不仅体现在财政投入方案编制环节，而且贯穿人大对相关方案进行初审和正式审的决策全过程。此外，在人大进行财政投入执行监督的过程中，民主恳谈会也是公众参与监督权实现的主要方式。在新河镇实践经验的基础上，2008 年参与式民主恳谈会扩展到了箬横、泽国、滨海、大溪四镇，泽国也从原本的项目式决策民主恳谈迈入针对整个财政投入决策开展民主恳谈会，并形成了《泽国镇 2008 年公共财政预算民主恳谈实施方案》。②2010 年开始，财政投入决策参与式民主恳谈会在温岭全市推广。“温岭模式”最大的特点在于其并未像上节所述的“美兰模式”与“西湖模式”那样，撇开现有财政体制，另起炉灶地进行试验，③而是“实现了公众预算参与与人大制度的完美契合”。④

① 新河镇的财政投入决策公众参与全面贯彻该镇“两上两下”的财政投入决策过程。按照《新河镇参与式预算民主恳谈实施办法》对财政预算草案及其细化说明的要求，须经由“初审”→“人大审议预算方案”→“政府形成预算修改方案”→“人大代表团分组审议”→“人大代表提出预算修正议案”→“人大主席团审查预算修正议案”→“人大代表全体会议表决议案”→“政府根据大会表决通过的预算修正议案再次修改并形成预算报告(修正稿)”→“人大对预算报告(修正稿)进行再审议并表决”的程序，这种财政投入的参与式改革不仅强化了财政投入决策的民意基础，也为人大代表更进一步了解财政投入的具体内容，强化人大本身对财政投入审查的质量提供了良好的制度保障。参见周红云：《公共预算中的公民制度化参与——以浙江温岭市新河模式为例》，载《北京行政学院学报》2008 年第 5 期。

② 参见郎友兴：《中国式的公民会议：浙江温岭民主恳谈会的过程和功能》，载《公共行政评论》2009 年第 4 期。

③ 需要注意的是，海口市美兰区与南昌市西湖区的财政投入参与式改革之所以并未像温岭市一般与人大的审查、监督机制作更多结合，更重要原因或许在于其所试验的对象为社区财政，而并非有人大参与的乡镇以上财政层级。

④ 张丽：《基于一般政治系统理论的参与式预算运行机制——以浙江温岭为例》，载《地方财政研究》2018 年第 3 期。

除泽国镇和新河镇的实践经验外，温岭其他地方的财政投入决策参与式改革实践也出现了一些可供借鉴的经验。例如，箬横镇在《温岭市箬横镇村级民主恳谈若干规定》中就明确规定，“十分之一以上村民或者三分之一以上村民代表联名提议，村两委应当根据提议的议题组织民主恳谈”。赋予了民众对于村级民主恳谈会的召集权和提案权，进一步扩展了公众参与的范围和深度。①

2.“盐津模式”：民主议事会

除浙江省温岭市以外，我国另一个在较大范围实施公众参与国家财政投入决策改革实践的当属云南省盐津县。温岭市公众参与财政投入决策改革的早期动力也仅是由县级政府发起，后期才在浙江省范围内不断被其他地区学习与借鉴。相较而言，2012年开始的云南省盐津县改革则是由省一级地方政府直接推动，是一次“省县互动、财政厅试点、直接公众参与财政投入决策的改革”。②

根据《盐津县群众参与预算试点方案》可知，“盐津模式”与“温岭模式”主要有以下几点区别：

（1）温岭市的改革在2005年“新河模式”后，公众参与的财政投入决策范围就逐渐扩展为所有可供支配的一般性公共财政投入，而盐津县的改革则是从“财力余额”着手，先行试点维持政府基本运转以外的财政性资金。“盐津模式”中公众参与财政投入监督的范围虽然不如浙江省温岭市，但相较于上一节中所提到的我国其他地方实践只对某些专项资金开展财政投入决策的公

① 参见郎友兴：《中国式的公民会议：浙江温岭民主恳谈会的过程和功能》，载《公共行政评论》2009年第4期。

② 贾西津：《参与式预算的模式：云南盐津案例》，载《公共行政评论》2014年第5期。

众参与试验,盐津县的改革力度较大,并且也更具有在一定范围内推广的可行性。

(2)盐津县的改革吸收了温岭市民主恳谈会的经验,采用乡镇民主议事会作为公众参与的主要平台。但与温岭市产生民意代表的“乒乓球摇号随机抽样式”不同的是,盐津县的群众议事员则是由各村推荐而来,各村推荐的方式除随机抽选外,还包括定额推荐。① 随机抽选更具备客观上的公平性,但盐津县的兼采定额推荐的模式也是考虑到基层实际,兼顾到基层各种利益的平衡。从民众的调查结果来看,被调查群众认为群众议事员选举“非常公平”和“比较公平”的比例分别为54.0%和38.1%。②

(3)由上文可知,温岭市的民主恳谈会与人大对财政投入方案的初审及正式审查等人大决策、监督工作紧密衔接。作为公众代表的人大代表全程旁听整个民主恳谈会,直接与民意代表进行交流、讨论,以便能全面了解公众诉求,更好地行使其作为公众代表参与国家财政投入监督的权利。而“盐津模式”中的公众参与却并未涉足人大对财政投入的决策权与监督权的行使过程,乡镇民主议事会的决策主要依托现有的行政架构展开,仅在政府编制财政投入方案前,为政府的财政投入决策提供参考依据。③

---

① 贾西津将盐津县群众议事员产生的方式总结为:“群众议事员以行政村为单位产生,由两部分人构成:第一,定额推荐,即每行政村(社区)两名,‘村两委’召开会议提名推选;第二,随机抽选,即每个行政村(社区)人口0.5‰的名额,各村民小组推荐1人进入抽选库,然后村(社区)两委召开群众会议,从抽取库中随机抽取出与名额相应的议事员。”参见贾西津:《参与式预算的模式:云南盐津案例》,载《公共行政评论》2014年第5期。

② 参见马骏:《盐津县“群众参与预算”:国家治理现代化的基层探索》,载《公共行政评论》2014年第5期。

③ 参见贾西津:《参与式预算的模式:云南盐津案例》,载《公共行政评论》2014年第5期。

（4）盐津县的民主议事会每年2月和11月召开，分别决定年初的财政投入方案的编制和后期的方案调整。如遇紧急新增项目或执行过程的重大问题，乡镇工作小组可召集临时会议。① 由此可以看出，虽然盐津县的公众参与财政投入决策改革中议题项目的提出者多为群众议事员，但在召集和组织上仍然具有很强的政府主导性。相比之下，温岭市的实践则存在更活跃的基层自治组织和群众自发的积极性。正如上文所提及，温岭市部分乡镇甚至向一般公众放开了对于民主恳谈会的会议召集权与项目提案权。（见表2-3）

表2-3　温岭市民主恳谈会与盐津县民主议事会实践情况对比

案例	启动层级	财政投入层级	可决策范围	参与方式	参与决策的效力	制度化情况
浙江省温岭市民主恳谈会	县级	乡镇级	全部可支配一般性公共财政投入	间接：民意代表［随机抽选］	召集权 提案权 商议权	出台多项规范性文件[1]
云南省盐津县民主议事会	省级	乡镇级	财力余额：政府基本运转以外的所有非指定公共财力	间接：群众议事员［随机抽选＋定额推荐］	提案权 商议权	《盐津县群众参与预算改革试点方案》

注：［1］温岭市各试点乡镇在参与式预算试验中都制定了各自的规范性文件，在后期为总结试点经验，推进参与式预算在全市范围内推广，该市又出台了数量较多、内容相对完善的地方性法规文件，涉及参与式预算指导意见、工作方案、参与式预算民意代表推选办法、预算审查监督办法、预算项目信息公开指引和项目绩效跟踪管理办法等。参见张丽：《基于一般政治系统理论的参与式预算运行机制——以浙江温岭为例》，载《地方财政研究》2018年第3期。

① 参见贾西津：《参与式预算的模式：云南盐津案例》，载《公共行政评论》2014年第5期。

3. 安徽省淮南市：市级财政的项目评审会

温岭市及盐津县的公众参与财政投入决策改革主要是在乡镇等基层财政层级展开。在我国，河南省焦作市与安徽省淮南市当属市级财政投入决策参与式改革的经典案例。其中，安徽省淮南市市级公众参与财政投入决策的主要途径是网络评审制度。在网络评审环节之后，市财政局会召集人大代表、政协委员、党代表、网民代表以及高校、工程、财务等方面的专家共计 15 人，①针对网络评审环节中得分靠前的项目举办评审会。评审会召开前，先由市财政局工作人员详细介绍相关项目的背景情况及网络评审结果。在评议中，各参会代表可就自己关心或熟悉的项目内容向申请部门进行质询，并根据项目申请部门的回答情况给所有项目打出最终得分。

淮南市市级财政项目评审会中的公众参与特点主要体现为以下几个方面：

（1）评审会进行打分的财政投入方案并未囊括所有的一般性公共财政投入，而是仅针对特定的市政项目支出。这也是公众参与市级财政决策与公众参与基层财政决策的最大差异。市级财政涉及更多方面的专业知识，甚至需要一定的政治判断；而基层财政更多是直接涉及民生项目的支出，适宜公众广泛参与。

（2）淮南市的项目评审会区别于温岭县民主恳谈会与盐津县民主议事会，不仅有公众的民间代表（网民代表）以及公众的法定代表（人大代表）作为评审主体，还邀请了政协委员代表、党员代表

① 其中，社会各界代表占评委总人数的3/5，淮南市财政局工作人员不担任评委。参见黄仕兴：《淮南市参与式预算的实践与思考》，载淮南市人民政府网，http://cz.huainan.gov.cn/zcjd/18151592.html，2022 年 4 月 21 日访问。

以及专家学者，将财政投入的公众参与和我国的政协政治协商等诸多中国特色的财政投入民主机制结合了起来。项目评审会还极其注重公众参与的质量保障，在会前进行项目宣传、专业培训，会中邀请各方面专家共同与会、把关，保证了决策的科学性与合理性。

(3)淮南市的项目评审会对项目的选择有直接决定权。根据淮南市公众参与财政投入监督改革实施工作方案，将从参会的15名代表评分中去掉最高的2个分数和最低的2个分数，取中间11个得分的均值，以8:2的加权比例与网络评审环节得分结合，得到最终的项目评分。该评分结果将直接决定各个项目的入围或淘汰。

(4)在淮南市公众参与财政投入决策监督改革的第二个阶段——项目评审会中，虽然并非只以民意代表/网民代表为参与主体，但是公众在参与过程中确实有相较于温岭市和盐津县更加直接的财政投入方案编制决定权。同样囿于市级财政项目的复杂性，淮南市在项目申报过程中依旧是以政府为主导。不同于河南省焦作市在开展项目网上投票之前，预先针对项目清单进行广泛的问卷调查，了解民意；淮南市在项目申报阶段有进一步探索以问卷或听证等方式开展的民意收集活动，进一步丰富公众参与的形式与深度。

(5)由于淮南市公众参与财政投入决策监督改革的对象为市级财政，公众与财政使用单位之间存在更大的信息鸿沟。因此，淮南市尤其注重在整个财政投入决策环节与财政投入执行环节中进行完整且深度的信息公开。

4.广东省顺德区的民主面谈会

广东省佛山市顺德区也是我国公众参与财政投入决策监督改

革取得较多成果的代表性地区。除广受关注的公众参与财政投入决策网络评议模式外，顺德区的财政投入决策也注重线下的面对面意见交流。民主面谈会既可以独立地作为公众参与财政投入决策监督的一种形式，也可以与网络评议相结合，对网络评议的结果进行更加细致的审查和更加深入的完善。类似于淮南市的项目评审会，民主面谈会的参与者也并非以普通公众和公众的法定代表——人大代表为主，而是广泛涵盖政协委员、专家学者、行业代表与社区群众等方面，允许普通市民携带身份证进行旁听。①

（二）听证制度

听证制度也是各地实践中公众参与财政投入决策监督改革的主要形式之一，与前述三种会议参与模式不同，公众通过听证会参与财政投入决策欠缺直接的决定权，更多在于知情权的实现与质询权或建议权的行使。早在 1989 年，委内瑞拉就出台了一项法律，试图通过公众听证会的方式来加强普通公众对政府财政投入决策的参与。该法律要求地方政府每 3 个月举行 1 次公开的会议，至少要有 10 位公众以书面的形式提出召开会议请求。② 我国各地实践中采用听证制度来实现公众参与财政投入监督的典型案例如下：

1. 河南省焦作市的专家论证会与社会听证会制度

河南省焦作市是我国最早在市级财政中试验公众参与财政投入决策监督改革的地区，也是最早大胆创新采用网络投票这种信

① 例如，2013 年顺德区参与式预算领导小组办公室从区属预算单位申报的 2014 年年初预算项目中选取了 9 个符合参与式预算试点条件的项目，经过 2.8 万名市民的投票，最终表决出食品安全监测等 4 个得票最多的项目为 2014 年参与式预算试点项目。随后，顺德区组织了由 4 名人大代表、政协委员，5 名专家学长、行业代表，6 名社区群众为面谈会的代表委员，详细讨论 4 个项目的资金配置等情况。

② 参见郎友兴：《中国式的公民会议：浙江温岭民主恳谈会的过程和功能》，载《公共行政评论》2009 年第 4 期。

息科技手段来降低公众参与市级财政投入决策监督成本的地区。与安徽省淮南市在财政投入决策中公众直接参与和间接参与相结合的模式不同，焦作将相关财政投入项目入围与否的最终决定权直接交给了网络投票。为了保证网民投票的合理性与最终决策结果的质量。焦作市在最终投票之前，开展了大量的意见征询活动，包括专家论证会与社会听证会。焦作市通过专家论证会对备选项目进行前端把关。通过社会听证会一方面了解民意，以便完善项目内容；另一方面在听证过程中，进一步强化普通民众对相关项目的了解与认知，提高决策质量。

焦作市的财政投入决策专家论证会是“从该市决策咨询委员会委员、专家库中选择专家，并合理确定论证范围，对市委市政府的部分中心工作和涉及民生发展的重点支出项目和重大资金安排开展论证，并将每位专家的意见汇总成册，形成论证报告，作为科学编制部门财政投入的重要参考和依据”；其社会听证会则是“从决策咨询委员会委员、专家库中选择专家，并邀请社会行风评议代表、行政监督员及愿意参加听证的社会人士，抽取部分财政投入使用单位的重点财政投入项目进行听证，形成听证报告，在政府网站等媒体上公开刊发，并整理代表意见报市政府决定财政投入使用单位项目申请资金数额，调整或修改部门财政投入相关内容”。①

焦作市的专家论证会与社会听证会也并非仅针对开展网络投票的财政投入项目展开，在更广泛的财政投入决策过程中，都尽量遵循“广集民意—项目公示—专家论证（或社会听证）—人大初审—人大通过—项目公示（确定）”的财政投入决策流程，最大限度

① 杨文涛、任中平：《参与式预算的地方实践——公共预算改革中的焦作模式》，载《湖南工业大学学报（社会科学版）》2010年第5期。

地增强财政投入资金使用的科学性和透明度。① 例如,2008 年焦作市劳动就业管理局上报给市财政局购买公益性岗位的专项资金为 660 万元,在焦作市人大常委会组织的电视现场直播的听证会上,很多参会者就此提出了 2007 年的专项资金使用效果怎么样,能否保证这笔钱真正用在“40、50”岁的人员身上,为什么要比 2007 年增加 60 万元等一系列问题。② 焦作市将涉及财政投资项目决策的社会听证会和专家论证会确立为常态化运行机制,扩大了民意表达和公民的影响力。③

2. 上海市闵行区的财政投入听证会

上海市闵行区自 2007 年开启了关于加强财政投入监督方面的改革,其中引导公众参与成为其改革的重要构成因素。闵行区的财政监督改革以“优化财政投入配置、提高政府执政能力”为宗旨,开创性地实施了以结果为导向的财政投入绩效改革,并在闵行区人民代表大会的主导下,加强了财政投入决策的审查和对其事后执行的监督。因此,公众参与的作用就显得尤为突出了:首先,闵行区的改革强调公众参与是全过程的参与。在以结果为导向的财政投入绩效改革中,公众参与财政投入决策的前期评价、事中的过程评价以及事后的结果评价三个阶段。其次,公众参与借助了有效手段。从参与手段上采取了方便公众参与的网络与听证会等方式。最后,参与的公众范围较广。闵行区大多数财政投入的审

① 参见张瑜、秦亚洲、哲生:《阳光财政的“焦作模式”》,载《浙江人大》2009 年第 9 期。

② 参见张瑜、秦亚洲、哲生:《阳光财政的“焦作模式”》,载《浙江人大》2009 年第 9 期。

③ 参见朱芳芳:《基于治理的地方预算改革——河南省焦作市的经验》,载《经济社会体制比较》2014 年第 5 期。

查和评估过程是向辖区广大公众开放的，只有少数过程只针对特定的专家、政协委员等群体。

闵行区的实践在财政投入决策环节最突出的特色便是其听证会制度。闵行区人大财经工作委员会在审查财政投入项目，提出修改意见的同时，对于可听证的项目，有权选择开展听证程序。闵行区首次财政投入听证发生在2008年，该区人大常委会通过电视和网络等途径，邀请民众广泛参与涉及基本民生的养老机构补贴和农村养老两个项目的财政投入听证会。这场听证会全面收集了来自人大代表、政府官员、普通市民和专家学者等各方面意见，最后汇总提交给区人大常委会参考。①

（三）网络评审等民意测评机制

财政投入参与层次和参与深度的关系往往体现为：参与层次越低，民众的参与越广泛和直接；参与层次越高，民众直接参与的可能性便会随着参与成本的增大而大幅降低。② 但是，互联网与现代通信技术的发展似乎为我们降低民众参与财政投入决策的成本、扩大民众参与的空间提供了更大的可能性。公众通过网络平台对市政财政投入项目加以投票、评审和意见表达，始于河南省焦作市，在安徽省淮南市得到了进一步发展，广东省顺德区的最新实践则展现了该模式的可行性与可复制性。

1. 河南省焦作市的网上投票

河南省焦作市的公众参与财政投入决策监督改革是全国最早在市级财政投入决策层面引入公众直接参与的案例。不同于前述

---

① 参见张瑜、秦亚洲、哲生：《阳光财政的"焦作模式"》，载《浙江人大》2009年第9期。

② 参见贾西津：《参与式预算的模式：云南盐津案例》，载《公共行政评论》2014年第5期。

的"公开征求意见",焦作市的民众网络评审能够直接决定备选项目是否能够实施。焦作市委、市政府对确定的重大支出项目和事关民生等的公共支出项目,首先在项目申报前,就项目本身及相关财政投入决策内容广泛征求民意。在此基础上,该市通过网络、电视、报纸以及广播等各种形式宣传参与式网络投票,邀请公众对备选项目是否能够实施进行网上表决。政府以此推选出代表公众心声的项目,使财政投入决策体现民意、提高质量。① 焦作市通过创新网络投票的方式,实现了市级财政投入决策中有效的公众参与,被称为"地方政府创新式民主"的一种积极探索。② 有学者评价其为:"扩大公众参与权,注重公众参与和监督,让政府财政投入决策者直接了解公众的公共服务需求和对具体政策措施的实际态度,督促各财政执行单位更认真谨慎合理地使用财政投入资金。"③

2. 安徽省淮南市的网络评审

淮南市本级财政投入决策在2012 年引入网络评审机制。民众可通过网络或短信等形式对政府财政投入安排发表自己的看法,参会决策。与焦作市的公众参与财政投入决策网络投票模式不同的是,淮南市公众参与决策并非只有网络评审一个环节,还在于对财政投入项目评价权重更高的项目评审会。④ 但并不能由此贬低淮南市公众参与决策中网络评审环节的价值,其作用主要包括以

---

① 参见杨文涛、任中平:《参与式预算的地方实践——公共预算改革中的焦作模式》,载《湖南工业大学学报(社会科学版)》2010 年第5 期。

② 参见李凡:《地方政府创新式民主的出现和发展》,载《今日中国论坛》2008 年第6 期。

③ 朱芳芳:《基于治理的地方预算改革——河南省焦作市的经验》,载《经济社会体制比较》2014 年第5 期。

④ 如前文所述,淮南市公众参与财政投入决策改革中网络评审的分数只占总分的20%,而项目评审会的分数则占总分的80%。

下三点：

(1)网络评审本身亦是最终决定项目是否实施的重要途径之一。

(2)公众参与财政投入决策工作领导小组通过网络评审环节，可以广泛收集到公众对于相关财政投入项目的意见与建议，这些咨询都将在项目评审会召开前的培训工作中，向相关公众代表进行重点介绍。

(3)项目评审会中的网民代表是从网络评审环节中参与评议的网民中选出的。

有统计数据表明，在2011年的财政投入决策参与式改革试点工作中，淮南全市有近50万人次直接或间接参与网络评审或讨论；而在2012年，网络评审阶段的最终有效选票为250,413票，约是2011年的11.3倍（根据淮南市信息部门的统计数据，2011年的有效选票为22,160票）。淮南市的改革将财政投入决策的全过程向社会公开，广泛接受社会公众对财政支出计划的评议，并主动邀请社会公众和专业人员参与部门申报项目财政投入编制的评审和监督。① 这一方面提升了公众的主人翁意识，提高了其公众参与意识、监督意识和民主意识等现代公民素养，也增长了公众对于公共财政和特定项目相关方面的知识了解；另一方面也增加了政府财政投入决策的民主性、科学性与合理性，强化了公众对政府财政投入执行的监督，进一步推动了该市服务型政府的建设工作。

① 参见韩雪冰：《安徽电视台采访报道淮南市"参与式预算"改革》，载淮南市人民政府网，http://cz.huainan.gov.cn/czxw/15972360.html，2022年4月21日访问。

3. 广东省顺德区的网络评议

广东省佛山市顺德区可以看作广东省公众参与财政投入决策改革的先行示范区，该区在长期探索各种形式的公众参与财政投入决策实践基础上积累了丰硕的操作经验与制度成果，并在2016年完善了《顺德区参与式预算工作实施细则》。有学者将顺德区公众参与式财政投入决策总结为：项目确定、信息发布、网络评议与意见收集、选取代表、召开面谈会、编制最终财政投入方案并向社会公开、项目执行与跟踪监督、项目验收与绩效评价、情况通报9个环节。① 首先，顺德区财政局会依据"群众关注度高、涉及社会民生、适合公众参与"的原则，将所属各财政执行单位提供的相关财政投入项目信息向社会公开征求意见。其次，再从上述项目中选取公众关注度最高的项目作为参与式网络评议的对象。公众可以通过顺德城市网中的专题链接、官方微博或官方微信公众号等路径填写无记名问卷，参与意见表达。② 例如，2020年顺德区政府将财政投入中的41个民生项目，合计金额21.4亿元，纳入参与式网络评议实践。

区别于焦作市与淮南市的网络选评机制，顺德区的网络评议中不仅有公众（包括普通公众和公众法定代表——人大代表）的参与渠道，还专门设置了政协委员、专家、行业代表等评议渠道对项目进行评议。顺德区网络评议焦作市和淮南市的网络评选机制的另一大区别在于其最终结果仅具有参考价值，无法直接或间接决定相关项目的财政投入决策结果。顺德城市网公众参与网络评议

① 参见林英贤：《参与式预算网络模式的实践与完善路径研究——以广东省S区为例》，载《改革与开放》2018年第13期。

② 《2022顺德参与式预算项目公示》，载顺德城市网，http://t.shundecity.com/cysys2020.php，2022年4月21日访问。

专题链接中即明确写道，本次网络评议的意见及建议并不作为项目预算安排的最终意见，但公众参与财政投入监督工作领导小组办公室将会把项目的相关意见和建议整理，并提交至区人大常委会，作为人大审议项目预算的重要参考内容。

（四）问卷调查与公开征求意见

问卷调查或公开征求意见是最简单的民意收集方式，也是各国公众参与财政投入决策监督实践中普遍采用的基本方法。与公众通过听证会参与财政投入决策监督相比，问卷调查与公开征求意见的民意反馈是单向的、静态的，也是极少有反向信息回馈的；但是，这也是收集民意成本最低、可参与公众范围最广的方式。在我国的公众参与财政投入监督的改革实践中，问卷调查与公开征求意见往往并非单独使用，而多与其他公众参与方式相结合。上文提到的河南省焦作市、安徽省淮南市与广东省顺德市的实践，均在不同阶段采用了问卷调查与公开征求意见的方式，来扩大公众参与的范围，强化财政投入决策的民主性。

1. 焦作市的民意测评制度

河南省焦作市市级公众参与财政投入决策监督实践主要体现在网络评议环节，与民主恳谈会、民主议事会或民主面谈会不同的是，网络评议也是一种单向的参与，缺少充分的沟通。另外，公众一般都不具有市级财政投入项目的提案权，网络评议的项目本身是在政府主导下，由各财政投入执行单位申请提出的。因此，在各个环节充分运用各种方式广泛征集民意就成了“焦作模式”的重要特点。当然，除了公众参与监督的财政投入项目，淮南市委、市政府也为民办实事中各类项目的财政投入决策公开征集意见，完善相关决策。

2. 淮南市财政投入项目征集中的问卷调查

淮南市的财政投入决策参与式实践虽然较焦作市多了一个项目评审会的交流讨论环节，但公众参与的方式也仅限于对既有申报项目的表决，而同样不具备自行提案权。为了真正确保公众普遍关心的问题得到切实解决，根据相关工作文件的要求，在参与式改革领导小组向实际业务部门下发财政投入项目编制通知后，政府运行类、城市建设和管理类、公共服务和市场监督类、社会管理类、经济发展类、群团组织等各部门应当勤下基层，通过公开征求意见、问卷调查、座谈会等各种方式，收集公众迫切需要解决的项目，整理归类，上报财政局。淮南市的上述举措强化了公众参与财政投入项目的申报过程，确保了公众参与财政投入决策实践不是流于形式，而是真正思民所思、苦民所苦、解民所难。

3. 顺德区网络评议中的意见征集

上文有述，顺德区的财政投入网络评审结果并非强制性的最终决定，仅仅是为人大审议财政投入决策方案提供参考，故其评审的形式便以问卷调查的方式展开。该问卷的主要目的并非备选项目的征集，而是直接收集公众对该项目实施与否的意见，以及作出该决定的诸多考虑因素和参评人相关知识背景。这些围绕项目展开的问卷问题设计，有助于为人大参考相关网络评审结果提供更多的客观依据。

此外，在网络评审的问卷调查中，还有一部分与评审项目并非直接相关的问题，其设置目的在于借网络评审之机更多地了解公众对政府财政投入决策工作的态度。例如，在2020年由顺德区卫生健康局提出的“登峰计划”培育建设项目中，问卷在一开始还问到了“您是否关心公共财政投入问题?”“关于公众参与公共财政投入，您认为以下哪些方面还需完善？”“您认为现阶段政府应增加哪些方面的财政投入比例？”等问题。这些答案的收集有助于各部门在日后的财政投入方案编制工作和公众参与监督改革中，进一步与公众的需求进行对接，以获得更好的社会效果。

二、国家财政投入运行过程中的公众监督

公众参与国家财政投入监督的改革不仅需要体现在财政投入前期决策过程中，更要将这种公众参与贯彻到财政投入执行的具体监督工作之中。没有对于财政投入执行的监督，决策的参与将沦为形式。财政投入执行情况的监督主要可以分为对相关财政支出是否按照财政投入方案规定执行的行为监督以及财政投入执行后的绩效评价监督。

财政投入执行中的公众参与主要是指公众参与财政投入执行的具体监督，既有公众基于财政投入信息公开而自发开展的监督，也有公众通过参与特定财政投入监督体制来实施的监督。随着我国各地财政投入绩效评价管理改革的普遍开展，财政投入绩效评价报告都不可避免会涉及对公众的满意度进行调查或测评。这些公众被动的意见表达与本书中所研究的公众积极参与财政投入监督仍有明显区别，公众自发地参与财政投入监督行为也属于宪法赋予公民的基本权利，故本节将着重探讨那些通过公众参与式改革，使公众直接参与财政投入执行监督的案例。

焦作市与淮南市的公众参与市级财政投入监督主要集中于涉及民生的基础设施建设项目上，而非针对一般的公共财政投入进行。在两地的实践中，公众通过网络投票与项目评审会等方式直接参与财政投入的决策，“淮南模式”甚至还深入了参与决定具体项目的经费明细。也正因如此，焦作与淮南两市在财政投入执行

中的公众参与主要体现在财政投入绩效评价环节中，对此，本节后段将对此进行详细论述。

作为公众参与国家财政投入监督改革最早也最成功的代表，温岭市的公众参与式民主恳谈会不仅体现在财政投入决策阶段的参与，也贯穿在财政投入执行与绩效监督的全部过程。财政投入执行与绩效监督中的公众参与主要体现在镇人大闭会期间人大财经小组对镇政府财政投入执行情况的经常性监督中，需要邀请公众恳谈，财政投入执行中期人大主席团对政府半年财政投入执行情况的询问和审查也需要邀请自愿参与的社会公众开展民主恳谈。① “在温岭参与式预算过程中，来自公众的社会问责和来自人大的政治问责，共同监督政府的财政投入决策的执行，双重问责体制下政府的财政投入决策执行行为必然受到制约，政府的财政投入决策执行行为必将更为合理、合法、有效。”②

三、国家财政投入运行绩效评价中的公众参与

财政投入的绩效管理改革在最近几十年成为西方发达国家财政投入监督领域主要关注的问题之一。在美国，相较于发展与实践较晚的财政投入决策中的公众直接参与，在财政投入绩效评价等财政投入实施层面的公众参与监督则行之有年，积累了丰富的经验，比较有代表性的如艾奥瓦州推行的“公民倡议的绩效评估”。良好、有效的财政投入绩效管理被看作一个健康、高效的政府财政体制的重要标志。全面实施财政投入绩效管理也是国家治理体系

① 参见陈奕敏主编：《从民主恳谈到参与式预算》，世界知识出版社 2012 年版，第 15 页。

② 张丽：《基于一般政治系统理论的参与式预算运行机制——以浙江温岭为例》，载《地方财政研究》2018 年第 3 期。

和治理能力现代化的必然要求，是政府治理方式的深刻变革，在当前经济下行压力加大的情况下尤为必要。①

一般认为，公众参与政府财政投入绩效评价有两种模式：一为第三方机构或公众自己基于公开的财政投入信息组织实施的财政投入绩效评估，这种评价结果往往不会被地方政府直接接受来作为完善相关措施的依据；二为公众参与监督模式则是由政府自己实施或委托第三方开展的各种公众满意度调查、公众评议等。公众参与是中国地方政府绩效评价的重要组成部分，这种自上而下的目标责任考核为政府财政投入绩效管理提供了自下而上的效果反馈，对地方政府优化财政投入结构、完善财政投入实施监督等都具有重要的参考价值。②

当然，在学术界也存在反对公众参与政府财政投入绩效评价的观点。其主要依据在于：第一，财政投入绩效评价需要具备一定的专业训练与知识背景，普通公众往往缺乏这些基础素质，其对财政投入绩效的评价更多是非理性的，甚至可能代表着某一部分特殊的利益诉求。第二，就当下的公众参与财政投入绩效评价的实证研究结果来看，公众的参与与公众对财政投入实施满意度的评价并未有明显的相关性。第三，实施公众参与往往还需要很高的金钱与时间成本。

虽然我国各地在近年来不断推行的财政投入绩效管理改革中，都始终重视公众在绩效满意度评价等环节中的参与。但单一的针对公众的财政投入满意度调查仅仅是单向的信息收集，相关

① 参见广西财政厅课题组：《关于加快推进全面实施预算绩效管理的思考——以广西为例》，载《经济研究参考》2020年第10期。

② 参见马亮、杨媛：《公众参与如何影响公众满意度？——面向中国地级市政府绩效评估的实证研究》，载《行政论坛》2019年第2期。

意见是否被采纳，如何被采纳，均未有制度性的明确规定与安排。上述原因也导致了实际操作中公众的参与积极性普遍不高，公众参与财政投入绩效评价调查与公众对财政投入实施的满意度并不完全一致等现象。

本书还是将财政投入绩效评价中的公众参与实践列举聚焦于前文提到的焦作及淮南两地，以便更全面地考察公众参与财政投入监督改革的效果。河南省焦作市按照“事前、事中、事后”全流程财政投入绩效管理的思路，以绩效决策、支出跟踪、绩效评价为核心，通过重点项目重点评价、委托第三方进行公众满意度调查，最终形成财政投入绩效报告。① 除满意度调查外，焦作市财政投入绩效评价中的公众参与还直接体现在公众代表可以参与绩效考评组织。例如，基层的社区公共卫生服务绩效考评组织便由政府财政卫生部门代表、卫生专家代表、公众代表各占 1/3 比例组成，由绩效考评组织具体开展包括公众满意度调查在内的各种评价工作，最终形成相关财政投入绩效报告。焦作市的财政投入绩效报告具有硬约束效力，既是市委、市政府开展各项民生工程建设决策的主要参考依据，又能直接决定各基层单位获取财政补助的具体数额。

安徽省淮南市为了确保财政支出环节中的财政使用效率与透明，制定了《淮南市市级参与式预算项目绩效跟踪管理暂行办法》，相较于焦作市在财政投入绩效评价过程中公众的全程参与，淮南市更倾向于将这一工作交给具备专业能力的第三方机构开展，既保证评价结果的客观性，又确保相关工作的效率与专业性。当然，群众满意度调查和相关报告的信息公开依旧是评价的基本内容和

① 参见朱芳芳：《基于治理的地方预算改革——河南省焦作市的经验》，载《经济社会体制比较》2014 年第 5 期。

固有程序,因为“淮南模式”在前期财政投入决策环节中公众参与的程度较深,在绩效评价阶段采取一定的折中处理便更具有一定的合理性。

第三章　公众参与国家财政投入监督运行机制的体系设计

在做公众参与财政投入监督运行机制的体系设计前，需要明确两点：其一，本书中的公众参与财政投入监督存在狭义与广义之分。公众参与国家财政投入监督是其作为纳税人应有权利，是对行政机关及其工作人员使用国家财政投入资金情况的一种了解、检视和督促的活动，是一种政府使用国家财政投入资金权力的外在制约力量。狭义的公众参与国家财政投入监督，是指公众个体基于宪法和税法所赋予的权利和高度的社会责任感，对行政机关及其工作人员所进行的检视与督促，如蒋时林对县财政局涉嫌违法购车的诉讼案件即为典型案例。① 广义的公众参与国家财政投入监督，是指公众依据人民主权原则和宪法规定的相关权益对行政机关及其工作人员在行使使用国家财政投入资金权力的过程和结果中所进行的检查与约束等活动，包含公众以集体方式行使国家财政投入监督。这里的“以集体方式行使国家财政投入监督”主要是指从一个国家的最高议会直至基层的公众组织对于国家财政投入资金使用主体的监督制约，包括议案权、质询权、审查批准权、决定权和撤销权等权利的行使。我国全国人民代表大会和地方各级人民代表大会作为公众的代表，对中央和地方各级国家财政投入资金使用主体的监督就属于公众以集体方式对国家财政投入情况的监督。广义的公众参与国家财政投入监督的概念涵盖了公众个体、国家权力机关和各类公众组织在内的所有公众主体对国家财政投入的监督，是直接和间接对国家财政投入监督的统一，是一个外延性很强的概念。狭义的参与国家财政投入监督的主体仅指公众个体，是公众的直接参与国家财政投入监督形式，是一个单一的概念。

其二，在公共财政模式下，国家财政投入体系一般包括国家财政投入决策、执行国家财政投入决策、使用财政投入的事后监督保障和使用财政投入相关信息反馈四个部分。人民代表大会审议政府预算报告即国家财政投入决策监督，属于广义的公众集体监督方式。目前我国的政府审计虽然在性质上属于政府自身的监督保障系统，但也需注意审计结果对公众的信息反馈功能。将政府审计纳入公众参与国家财政投入监督的议题讨论，其合理性或许存疑，但比较法上仅有我国和泰国等极少数国家实行行政型审计。

① 参见毛宏升主编：《当代中国监督学》，中国人民公安大学出版社 2003 年版，第 187 页。

因此,本书采取不局限于我国的立法或实践现状,针对审计结果对公众的信息反馈功能,将其纳入公众参与国家财政投入监督的讨论范畴,以期厘清政府审计和公众参与国家财政投入监督之间的必然联系。

第一节 体系化设计的理论框架——结构均衡

我国公众参与国家财政投入监督的运行单靠一部法律难以成就,它需要一个体系化的法律系统(包括不同位阶的法律与实体性和程序性的法律)共同作用完成,因此,亟须建构一个体系化的实现我国公众参与国家财政投入监督的法律系统。

法律制度外延性强,难以准确、恰当地定义它。美国著名制度法学家劳伦斯·M.弗里德曼认为,不论人们怎么解释法律制度、理解法律制度,其都具有以下实体性和程序性的特点:第一步是输入,即从制度一端进来的材料。第二步是法院和当事人对输入的材料进行加工。第三步是法院交付输出,即裁判或判决,甚至提出一般规则。[①] 弗里德曼上述关于法律制度特点的总结是建立在判例法制度下的,关于法院运用法律规则判案的过程,其实在判例法制度背景下,它也是造法的过程。因此,本书借鉴弗里德曼的"三步骤"法,将之推广至我国成文法法律制度从"输入"到"输出"的建立过程:第一步"输入信息",是相关利益主体针对法律制度的设立提出自己的立场和需求。第二步"加工信息",是立法机关对相

① 参见[美]劳伦斯·M.弗里德曼:《法律制度——从社会科学角度观察》,李琼英等译,中国政法大学出版社1994年版,第13页。

关利益主体输入的立场和需求进行整理、分析和判断。第三步“输出规则”,是立法机关制定法律规则和司法机关或其他机关适用法律规则。

研究任何一种法律制度,关键是研究上述法律形成过程所涉及的三个步骤以及与此有关的问题。公众参与国家财政投入监督法律制度的研究同样应以此为中心进行展开,首先判断公众参与国家财政投入监督中的利益关系,其次对此进行分析整理,最后将其确定为法律的一般形式。在这三个步骤中,前两个关系到公众参与国家财政投入监督法律制度的价值性问题,即该项制度的正当性为何?这个问题本书已经在第一章予以阐述,在此不再赘述。最后一个步骤关系到公众参与国家财政投入监督法律制度的形式理性问题,在成文法国家,法律制度形式上的规范不仅体现了这一法律制度对其应该实现的法律价值的自信,而且也是该项法律制度有效实现其正当性的基本保证。

在弗里德曼的制度法学理论中,法律的规范性就是一个关于法律制度的“结构”问题。“结构是法律制度的一个基本的、明显的组成部分。制度的结构是法律制度要素的骨架,是持久的模型,体制性的架构,是将程序保持在轨道之内的坚硬的骨骼。”①法律的规范性本质上就是按照一般法律制度结构的要求构建起某项具体法律制度的构架。弗里德曼的法律制度结构理论可以从两方面进行理解:一是从法律制度的体系层面。二是从法律制度的具体规范层面。以下将从体系和具体规范两个层面对公众参与国家财政投入监督法律制度的构建进行分析阐述。

① [美]劳伦斯·M. 弗里德曼:《法律制度——从社会科学角度观察》,李琼英等译,中国政法大学出版社1994年版,第16页。

一、结构均衡在制度体系中的含义

弗里德曼关于法律制度结构的理论有机地串联起了结构主义(structuralism)的方法论和法律制度。结构主义将人类文化视为一个整体,并提出可以对各个组成部分的结构关系进行分析。结构主义融合了"体系论"和"结构论"的思想。到20世纪60年代,结构主义被应用于许多学科。结构主义方法论强调两个要素:一是"整体性"要素,即将事物视为一个整体,不能孤立和片面地理解其任何复杂的组成部分。二是"共时性"要素,即强调构成整体的各个组成部分同时存在,不能顾此失彼。

结构主义理论在法学研究中也能起到很好的方法论作用。一个健全的立法体系应当由社会所需要的立法有机构成,一部质量良好的立法也应当由不同的部分有机地构成。① 这样的立法质量检测标准完全符合结构主义之整体性和共时性的特征要求。我们可以将结构主义之整体性和共时性特征统一称为"系统性"特征,那么依照系统论的观点,一个系统的性质和规律存在于全部要素的相互联系和相互作用中,一个系统内部的任何一部分都不能孤立看待,应当从整体性和全局性进行考察。② 一个由各种法律规范所构建的某项具体法律制度体系,首先应该将其视为一个结构上的整体,这个整体所涵盖的各个组成部分之间存在逻辑上的有机联系,即它们都是为了实现该项法律制度体系的价值目标而产生联系。结构均衡是由结构主义产生的一种立法方法论,它强调法

① 参见李长喜:《立法质量检测标准研究》,载周旺生主编:《立法研究》,法律出版社2001年版,第138页。

② 参见魏宏森、曾国屏:《系统论——系统科学哲学》,清华大学出版社1995年版,第182页。

律制度体系的整体性和具体法律制度的规范性，既包括“大至体系”的结构均衡，还包括“小至具体法律条款表述”的结构均衡。

二、公众参与国家财政投入监督立法中结构均衡的要求

（一）不同位阶公众参与国家财政投入监督法律制度之间的结构均衡

依照结构主义的观点，立法体系是由众多的法律规范性文件构成的，而一个个的法律规范性文件就是立法体系的基本构成单位。全局性地看待公众参与国家财政投入监督立法，其整体性要求体现于数量上的完整性和质量上的一致性。其中，“数量上的完整性”包括立法总量和各级位阶立法数量两方面的完整。立法体系的“数量上的完整性”要求，与该立法体系所针对的利益关系的性质、社会经济发展的水平之间是辩证统一的关系：一方面，社会经济发展的背景决定对立法体系“数量上的完整性”的要求；另一方面，立法体系“数量上的完整性”要求又会对社会经济发展起到促进或阻碍的反作用。就公众参与国家财政投入监督立法而言，社会经济发展的不同阶段对立法数量完整性的要求是不同的：在计划经济时期，由于不存在公众（纳税人）的概念，更别提公众（纳税人）权利的保障问题，因此，几乎没有对公众参与国家财政投入监督的需求，而相应地，也缺乏关于公众参与国家财政投入监督方面的法律规定；在市场经济发展的初期，虽然有了税收和纳税人的概念，但是，纳税人被界定为纳税义务人，只承担缴纳税款的义务，而鲜有权利。当市场经济发展到一定阶段，税收成为我国重要的财政收入来源，我国也采取了公共财政模式。这时，由于纳税人主体地位的提升，对纳税人权利的保障日益成为社会的共识，开始出现了对公众（纳税人）之核心权

利——公众参与国家财政投入监督的需求,而且这一需求呈现旺盛势头,因此,开始出现对专门的公众参与国家财政投入监督立法数量上的需求。

立法体系"质量上的一致性"是指在一个具体的立法体系之内,法律规范性文件要保持协调一致。立法体系的协调一致,既是一国立法质量的要求,也是防止和减少立法冲突,促进立法充分发挥实效的重要保证。① 这种立法体系"质量上的一致性"要求体现在两个方面:一是立法与社会经济发展的背景一致。二是法律体系内各个具体立法之间的一致。所谓与社会经济发展的背景一致,就是立法应该回应社会经济发展的需要。具体到公众参与国家财政投入监督立法而言,它必须一方面"迎合"现实社会中不断提升的公众意识需求,通过设立完备的、具有价值追求的公众参与国家财政投入监督立法对现实中公众参与国家财政投入监督的权利保护起到法律应有的指引作用。保证公众参与国家财政投入监督法律体系内部各个具体立法之间的一致性,也是保证公众参与国家财政投入监督立法一致性的不可或缺的要求。它既要求上级位阶的法律和下级位阶的法律之间保持一致性,又要求同级位阶的法律之间保持一致性,否则,就会因为法律冲突造成法律事实的无序现象。从法的内容来看,不同位阶的立法,应有不同的内容体现,位阶等级较高的立法,内容体现得越原则化和抽象化,可以解释的空间也越大;相反地,位阶等级越低的立法,内容体现得越详细和具体,可操作性也越强,可以解释的空间也越小。这里还需要特别指出的是,国家财政投入资金的使用是

① 参见李长喜:《立法质量检测标准研究》,载周旺生主编:《立法研究》,法律出版社2001年版,第153页。

税收流转的重要环节,因此,在公众参与国家财政投入监督领域的法律规制方面同样应适用税收法定主义原则。而税收法定主义原则的存在,会使公众参与国家财政投入监督立法表现出不同于一般立法的特殊性:如根据税收法定主义原则,有些公众参与国家财政投入监督内容只能由上级位阶立法进行规范。因此,公众参与国家财政投入监督立法的上级位阶立法没有规范的,而下级位阶立法予以规定的内容,可能会由于违反了税收法定主义原则而被认定为非法。至于同级位阶的公众参与国家财政投入监督立法的一致性要求同级位阶法律之间不相矛盾,按照一般的法律方法,同级位阶法律发生冲突和矛盾时,应当由有权机关进行效力认定。而在公众参与国家财政投入监督立法中,这种事后由有权机关进行效力认定的方法容易造成对公众参与国家财政投入监督权利的损害,因此,为了保证立法的一致性,最大限度地保障公众参与国家财政投入监督的权利,我国应该尽快制定"税收基本法",在该法中对公众参与国家财政投入监督立法规定统一的原则,自上而下地指导不同位阶的公众参与国家财政投入监督立法所应该规范的内容。

(二)程序性规范与实体性规范之间的结构均衡

1. 程序性规范与实体性规范之间的结构均衡的内涵

实体性规范是以确定权利与义务或者职权或职责为主的法律规范,而程序性规范是以保证实体权利和义务的实现或者职权或职责的履行为主的法律规范。马克思曾就审判程序和实体法的关系发表过如下经典的论述:"审判程序和实体法之间存在着异常密切的关系,就如同植物的外表和植物的实体的联系,动物的外形和肉体的联系。可以说,审判程序和实体法就是法律的形式和内在,因此,两者应具有同样的精神气质。"①虽然马克思的论断是针对审判程序和实体法的关系而言,但我们可以推而广之,将其运用到程序法与实体法的关系上来。

从马克思开始,人类一直没有停止过对程序法与实体法关系的探讨。从主流观点来看,可以将两者之间的关系分为以下三类:一是"实体决定程序论"。其理论根据是辩证唯物主义中的"内容决定形式"的理论,认为实体法是法律的内在、内容和实质,而程序法是法律的形式和手段。借用沈家本先生的话,即"实体法为体,程序法为用",是典型的程序工具主义的反映。二是"程序法是实体法之母"的理论。秉承该理论的学者认为,"诉讼具有比实体法更重要的意义,可以称为实体法的母法",②"因为诉讼的过程创造了诉讼主体的权利,而诉讼主体的权利先于实体法"。③ 还有学者认为,程序是法律的"心脏",离开程序,法律就不可能存在。④ 这些实质上都是一种"程序本位主义"的主张。三是"实体和程序并重论"。日本学者兼子一认为,"程序法和实体法如同一辆自行车上的两个轮子,不存在孰轻孰重的问题,都对诉讼起着作用"。⑤ 从以上列举的各种关于程序法与实体法关系的观点中,我们不难看出,部分学者总希望将实体法和程序法分割开来,比个高低、分个伯

---

① 中共中央马克思、恩格斯、列宁、斯大林著作编译局编译:《马克思恩格斯全集》(第1卷),人民出版社1995年版,第234页。

② [日]谷口安平:《程序的正义与诉讼》,王亚新等译,中国政法大学出版社1996年版,第70页。

③ [日]谷口安平:《程序的正义与诉讼》,王亚新等译,中国政法大学出版社1996年版,第70页。

④ See Robert S. Summers, *Evaluating and Improving Legal Process a Plea for Process Value*, Cornell Law Review 60, 1974, p. 4.

⑤ [日]兼子一、竹下守夫:《民事诉讼法》(新版),白绿铉译,法律出版社1995年版,第8页。

仲,而忽略了它们之间动态的联系。笔者同意上述第三个观点,即实体法和程序法之间不存在主从和附随的关系,两者不分主次,是并列的关系。

具体到公众参与国家财政投入监督法律制度中实体法和程序法的关系,实体法抽象地规定了公众参与国家财政投入监督法律关系中主体间的权利和义务关系,而程序法具体地规定了公众参与国家财政投入监督法律关系中主体实现权利的方法。实体法对权利义务的规定相对稳定,而程序法可以起到弥补固化的实体法和变动的社会要求之间鸿沟和盲点的作用,两者之间是不分主次的并列关系。

2. 构建实体规范和程序规范结构均衡的公众参与国家财政投入监督法律体系

虽然相对于我国目前的实体法意义来说,程序法主要是指调整诉讼活动的程序规则,但事实上,“程序”是一个外延性较强的概念,它既包括诉讼活动的司法程序规则,又包含决策、执行等非诉讼活动程序规则。具体到公众参与国家财政投入监督的程序性规范,它应该既包括对违法或不当使用国家财政投入资金行为进行诉讼的司法追责活动程序规范,又包括对国家财政投入决策活动和国家财政投入决策执行活动的程序规范问题。

如前所述,我国目前的公众参与国家财政投入监督法律制度还处于借用其他法律中有关“公民监督”条款的阶段,无论是公众参与国家财政投入监督的实体法,还是公众参与国家财政投入监督的程序法,都没有专门立法,这和我国目前不断深入的法治理念以及不断提升的纳税人意识不相称。而即便是现在我们所借用的“公民监督”的法律规范,也只有实体性规范,而无程序性规范;即便是有实体性规范实际上也只是用法律的形式表述的抽象的政治权利,而缺少了最为重要的实质内容——权利义务的规定,其导致的直接后果就是看似公民享有监督权,但因为实质内容的或缺,公民实际上并不能有效地行使这项权利。因此,这种缺少具体权利义务规范作支撑的权利容易流于形式。我国公众参与国家财政投入监督立法是一个全新的立法过程,而非“破旧立新”的过程,所以,从一开始就应该依照结构均衡的理念,开展公众参与国家财政投入监督实体法和程序法的建设:首先,就公众参与国家财政投入监督的实体法而言,需要按照一般立法要求,按照公众参与国家财政投入监督法律制度基本范畴的要求,配置公众参与国家财政投入监督法律关系主体之间的权利义务关系,在立法中规范主体的权利、义务和法律责任等内容,通过这些内容的确定将公众参与国家财政投入监督法律关系主体之间的社会关系固化为法律关系,从而使公众参与国家财政投入监督实体法律制度一开始就比较完善,具备法律应当具有的形式要件,以便其实现相应的正当性目标诉求。其次,就公众参与国家财政投入监督的程序法而言,需要确定公众参与国家财政投入监督具体的审判程序,包括管辖、审判组织、诉讼参加人、证据、审判程序、判决和裁定等一般司法审判程序的基本内容和针对公众(纳税人)公益型诉讼特点而设计的特殊内容。总之,只有建立结构均衡的公众参与国家财政投入监督实体法和程序法体系,才能使公众参与国家财政投入监督的权利不再单纯是一种主张,而成为能够通过一定程序过程产生确定性法律效果的实在权利。

3. 国家财政投入决策的程序规范问题

公众参与国家财政投入监督的客体——国家财政投入的使用应包括两个方面:一是具体的国家财政投入资金的使用行为。二是抽象的国家财政投入决策行为。而国家财政投入决策的程序规范问题也关乎公众参与国家财政投入监督机制能否有效实现。我国的国家财政投入决策立法在很大程度上是由政府的政策性文件构成的，属于抽象行政行为。随着我国法治进程的深入，行政决策的程序性问题日益受到关注，随着2008年湖南省率先出台了《湖南省行政程序规定》，全国很多地方都出台了行政程序规定，专门就政府的行政决策行为提出了程序控制的要求。从程序规范的角度约束控制政府的决策行为，是对政府决策程序性立法的一种尝试。我国目前的财政投入决策是以实体性规则为主的立法模式，一般在财政投入决策中直接规定财政投入的用途、金额等实体内容，这些规定实际跨越了一个程序性的前提认定过程，即决策者是否拥有该项财政投入决策的决定权。实际上，财政投入决策者的非理性倾向与财政投入决策之最终应服务于公众（纳税人）的终极目标追求之间存在固有的矛盾，如果没有法定的程序性规范，就会使财政投入决策随意化，最终与财政投入决策的终极目标不相符。因此，从对“财政投入决策的内容”的关注转到对“谁有权决策财政投入内容”和“依照什么程序决策财政投入内容”的关注上，更符合我国财政投入决策法律化的现实要求。

然而，上述这种转换并非意味着在财政投入决策法律化过程中只是从程序方面进行规范，而放弃对其实体方面进行规范，事实上，财政投入决策法律化应该是程序性和实体性规范相结合的过程。其中，对财政投入决策进行实体性规范是一般法律的要求，按照权利义务的内容模式进行规范，如在《预算法》中，确定明确的法律责任等。财政投入决策的程序化规范过程，可以控制财政投入决策权，规范财政投入决策程序；而具体到财政投入决策中的决策权利、义务等实体内容，也是程序性规范存在的前提，是不可或缺的内容。

第二节 我国公众参与国家财政投入监督的法律制度体系化设计

一、公众参与国家财政投入监督法律制度立法谱系的建立

根据前文对我国目前公众参与国家财政投入监督立法渊源的分析不难看出，我国目前的公众参与国家财政投入监督法律制度尚处于借用其他法律中有关“公民监督”的条款规定阶段。因此，就我国公众参与国家财政投入监督法律制度而言，首先应建立一个较为完备的，由高位阶法和低位阶法、实体法和程序法、国家财政投入决策监督法和使用财政投入资金行为监督法共同组成的立法体系。

（一）《宪法》中的公众参与国家财政投入监督法律规范的建立

作为一个国家根本大法的宪法，确立了一个国家立法、执法和司法的指导方针和根本性原则。20世纪70年代末期，美国加利福尼亚州通过了“第13号法案”，它标志着新一轮的全球性税收限制运动的开启，公共财政专家和法律专家开始关注宪法对政府财政权力的约束作用。随着中国市场经济体制的完善和公共财政模式的建立，宪法和财政体制之间的关系越发紧密：一方面，宪法发展中的博弈终究会在财政体制中体现；另一方面，财政体制的制度变迁也会对中国宪法的走向产生非常重要的影响。① 因此，有学者指出，对租税国作宪法上的分析，实为研究宪法的“另一把钥匙”。②

---

① 参见朱孔武：《财政立宪主义研究》，法律出版社2006年版，第8页。

② 葛克昌：《国家学与国家法：社会国、租税国与法治国理念》，台北，月旦出版股份有限公司1996年版，第142页。

财政税收制度应该成为宪法重要且必要的组成内容，而公众参与国家财政投入监督立法又是财政税收制度的重要构成部分，因此，《宪法》应当对其最根本性的原则进行规定。但当我们考察《宪法》条款的规定时发现，关于对公众参与国家财政投入监督立法的根本性原则的规定只限对公众参与国家财政投入监督基本法律立法权归属方面的规定，即我国《宪法》第 62 条第 3 项的关于“全国人大制定和修改基本法律的职权”之规定明确了我国公众参与国家财政投入监督立法体系中位阶最高的立法权归属于最高权力机关——全国人民代表大会；而对于公众参与国家财政投入监督这一财政税收制度重要组成部分还没有任何原则性的规范。

财政问题是关系到一个国家政治稳定的关键问题，因此，财政立宪的重要性是不言自明的，而宪法的规范一方面要回应一个国家现实的财政状况；另一方面也应该引导本国财政体制朝着健康民主的方向发展。在我国目前的财政体制下，最首要的矛盾应该是国家税收权力与纳税人财产权利之间的矛盾，这个矛盾始终贯穿于我国财政税收制度的各个部分，当然也反映在我国的财政投入监督法律制度中。在公众参与国家财政投入监督法律制度的建立过程中，财政投入使用主体的权力与公众（纳税人）参与监督财政投入的权利的冲突问题，也是我们需要解决的首要矛盾。因此，《宪法》除应抽象地规定我国最高权力机关——全国人民代表大会的立法权范围外，还应当对财政体制的根本性原则作出基本规定。

（二）法律中的公众参与国家财政投入监督规范的建立

1.《立法法》中的公众参与国家财政投入监督规范

2015 年修正的《立法法》是我国指导立法工作的最高法律规范，理应对公众参与国家财政投入监督立法权的配置进行原则性的规定。例如，《立法法》第 7 条和第 8 条明确规定了全国人民代表大会及其常务委员会对公众参与国家财政投入监督法律的立法权，并且确认了公众参与国家财政投入监督立法的体现形式是“法律”。

2.“税收基本法”中的公众参与国家财政投入监督规范

税收基本法是在财税法体系中具有仅次于宪法的法律位阶的，对整个财税法领域具有统领、指导和协调作用的综合性法律，是实现我国财税法治的重要的基础性法律。我国“税收基本法”曾被第三届全国人民代表大会常务委员会纳入其立法规划，很多学者、机构曾较为全面地提出过税收基本法的立法框架。其中较为重要的有两个：一是由国家税务总局组织编写的《税收基本法（草案）》（讨论稿第6稿）（1997年）。二是由全国人大财政经济委员会委托北京大学刘剑文教授牵头起草的《税收基本法（税法通则）》（专家稿）（2006年）。比较上述两份税收基本法立法框架，我们不难发现，这两份立法框架都认可了税收基本法作为综合性法律的法律位阶，不同的是前者由于起草时间尚早，以及是由税收执法部门起草的，基本沿袭了长期以来“税法就是征税技术手册”的理念，偏重对税收权力的整体梳理和维护，而后者更加偏重对纳税人权利的保护和救济，在总则中专门设立了“纳税人权利”一节，规定了公众（纳税人）在税收征纳活动中享有限额纳税权、税负从轻权、获取信息权和赔偿救济权等。[①] 虽然2006年的《税收基本法（税法通则）》（专家稿）加强了对公众（纳税人）权利的规定，但仍然没有摆脱经济学和财政税收学的影响，依旧采取割裂税款的征收和使用阶段的做法，只规定了公众（纳税人）程序性的权利。事实上，纳税

① 参见汤贡亮、刘爽：《税收基本法研究回顾与展望》，载《税务研究》2008年第1期。

人的权利分为实体性权利和程序性权利。实体性权利主要是指纳税人的税收立法权和参与监督国家财政投入的权利；而程序性权利是指纳税人在具体的税收征纳关系和参与监督国家财政投入关系中享有的知情权、参与权和请求权等。其中，实体性权利是纳税人第一层面的首要权利，而程序性权利是纳税人第二层面的次要权利；实体性权利是根本，而程序性权利是实体性权利在征纳阶段的具体表现。失去实体性权利，程序性权利将会变成"虚空"的权利。"税收基本法"作为财税法领域的母法和基本法，要则在于彰显"以人为本"的理念，以保障纳税人的人权为其终极目标，以规范征税权和参与监督国家财政投入的权利为基本内容，这样才能使"税收基本法"成为保护纳税人权利之法，成为塑造依法征收税款并合法使用税款的现代法治政府之法。

具体到公众参与国家财政投入监督法律制度，应该在"纳税人的权利"部分，专门设置条款就纳税人的参与监督国家财政投入的权利进行统一规范。早有学者提出，应将保障纳税人的权利作为税收立法的宗旨和重要法律原则在税收基本法中予以明确，并首要设置纳税人的民主立法权和民主监督权，明确纳税人有权对税收的用途进行监督和约束。①

3.《预算法》中的公众参与国家财政投入监督规范

如果说"税收基本法"中对公众参与国家财政投入监督制度作出了原则性的规定，那么，这一原则性的规定还需要有具体的公众参与国家财政投入监督法律制度作为支撑，这样才能使公众参与国家财政投入监督机制落到实处，变成具有可操作性的制度。具

① 参见刘剑文、许多奇：《纳税人权利与公民的纳税意识》，载《会计之友》1999年第9期。

体到国家财政投入运行的过程,可以细分为两个阶段:一个是国家财政投入决策或措施的制定阶段。另一个是国家财政投入决策的执行阶段。而《预算法》就是对国家财政投入运行的第一个阶段——抽象的国家财政投入决策阶段进行监督的法律。

预算就是经过法定程序批准的有关政府在一段时期(通常为一年)内的收支计划,是对政府财政收支的未来安排。从法律上看,预算是政府对权力机关的财政投入决策的承诺,经过权力机关审议批准的财政投入决策就成为具有法律效力的强制性命令。预算法是现代法治国家财政制度的关键点。

我国2014年修正的《预算法》在第1条开宗明义地表明了预算法的立法目的是"规范政府收支行为,强化预算约束,加强对预算的管理和监督",改变了原来预算法的那种过于强调预算职能的"工具性"立法宗旨的规定。但是,修正后的《预算法》还是没有真正体现"预算应最大化公众(纳税人)利益"的深层实质,尚欠缺对"公众应对预算资金拥有所有权,并能对预算的收支进行决定,以及公众应对预算行为进行监督"这样的应有理念的强力支撑。这种应有理念的缺位,将会一定程度导致权力机关对预算的审批权力虚置。因此,如何回应公众(纳税人)对预算行为监督的要求,重构预算法,实现从政府主导型预算模式到权力机关主导型预算模式的转换,成为《预算法》下一步完善的最迫切的要求。

4.《审计法》中的公众参与国家财政投入监督规范

为了确保政府合理合法地使用国家财政投入,审计制度成为现代公共财政模式下的一种有效的财政监督方式。我国于1995年正式实施《审计法》,并于2010年重新修订了《审计法实施条例》,但仍存在审计无法独立和审计报告不公开等问题。因此,应站在保障公众参与国家财政投入监督权利的角度,重新审视《审计法》

的价值定位，建构全新的审计法律关系。

5.《行政诉讼法》中的公众参与国家财政投入监督规范

实际上，代议机关以及独立的审计机关本质上都是公众（纳税人）的受托代理人，但仍然可能存在代理人没有尽到足够注意义务，或违背委托人利益的情况，同时，现代政治也凸显代议机关与政府利益可能出现一致性。因此，在主要依托代理人代为行使公众参与监督相关权利的情形下，赋予公众（纳税人）以个体身份行使参与监督的权利，具有一定的现实意义。而纳税人诉讼制度是保障公众通过司法审查路径，对政府使用财政投入的行为进行监督的法律制度，凸显司法权对行政权的制约，成为公众（纳税人）个体行使参与国家财政投入监督的有效途径。

二、公众参与国家财政投入监督法律制度实体性规范的完善

我国公众参与国家财政投入监督法律制度是调整公众参与国家财政投入所引起的相关社会关系法律规范的总称，具有自身的特点。正因如此，公众参与国家财政投入监督法律制度必须建构自身的基础理论，以此引领公众参与国家财政投入监督制度朝着既定的方向运行，而厘清公众参与国家财政投入监督法律制度的立法目的与公众参与国家财政投入监督法律制度的基本原则是实现公众参与国家财政投入法律制度的关键性内容。

（一）公众参与国家财政投入监督法律制度的立法目的

公众参与国家财政投入监督法律制度的立法目的是保证公众参与国家财政投入监督行为的有效实施和保障公众参与国家财政投入监督目的的达成，因此，公众参与国家财政投入监督的目的成为公众参与国家财政投入监督法律制度之立法目的所在。公众参与国家财政投入监督的目的是指公众（纳税人）对政府的国家财政

投入决策和使用国家财政投入的行为进行监督的目的,为了规范公众参与国家财政投入监督行为,首先应该明晰公众参与国家财政投入监督行为的目标和方向,唯有如此,才能使公众参与国家财政投入监督行为行进在既定的路径上,从而避免因为目的不明确而使公众参与国家财政投入监督走向两个极端:一是完全变成政府的内部财政监督。二是公众滥用其参与国家财政投入监督权,成为实践中干扰政府正常运行的阻碍。因此,在公众参与国家财政投入监督法律体系中应该分层次、分阶段地明确公众参与国家财政投入监督的目的。公众参与国家财政投入监督的目的是公众参与国家财政投入监督实体性立法的根本内容,虽然在公众参与国家财政投入监督的不同阶段,公众参与国家财政投入监督的具体目标的侧重点有所不同,但是,在我国公共财政的背景下,建立健全公众参与国家财政投入的监督机制,既符合现代财政民主决策的要求,也是建设廉洁高效政府的有效路径,体现了全社会共同治理和政府"善治"的时代潮流。[①] 因此,公众参与国家财政投入监督的目的就是"制衡"与"效率"的有机融合。

自20世纪80年代以来,一场名为"新公共管理"(New Public Management,NPM)的政府行政管理模式在全世界范围内兴起,发展至今已经成为西方行政改革的主体指导思想之一。20世纪70年代,由于全球经济衰弱,西方各国政府高额的财政赤字、普遍臃肿以及工作效率低下引发了公众对政府的不信任,西方各国政府都面临合法性危机,在此背景下产生了新公共管理运动,它又被称为"重塑政府运动"、"市场化政府"和"代理政府"等。新公共管理

① 参见冯海波:《国家发展战略、自主创新与税制建设》,载《税务研究》2007年第1期。

作为一种新的政府运行模式，它与传统的政府行政管理模式具有本质的区别。传统的政府行政管理模式是一种政治领导控制下的僵化的、官僚式的模式，其核心任务是执行政治官员决定的政策。而新公共管理模式以为社会公众服务为其核心职能，政府部门的角色定位从官僚科层系统中的部门转变为公共服务的提供者，也直接导致了政府的执政观念从“以政府为本”向“以人民为本”进行转变。在经济全球化的今天，采用新公共管理模式对政府进行深层次改革，以满足纳税人日益增长的公共服务需要已经成为我国深化行政管理体制/政治体制和政府机构改革的极具重要性和紧迫性的任务。因此，早在2008年第十一届全国人大第一次会议就审议通过了《关于深化行政管理体制改革的意见》和《国务院机构改革方案》，明确了中国的政府机构应该完成两大转型：一是由管制型政府转向服务型政府。二是由经济建设型政府转向公共治理型政府，力争到2020年建立起比较完善的中国特色的社会主义公共服务型行政管理体制。

公共服务型政府是在社会本位的理念指导下，通过法定程序，忠实地反映人民意志，承担为人民提供公共服务的政府。① 公共服务型政府是与公共财政模式相匹配的行政管理模式，它要求政府真正以公众（纳税人）的利益为中心，以提高公共服务质量、满足公众的公共利益需要为己任。它改变了传统模式下政府与公众之间的关系：政府不再是高高在上的权威官僚机构，而是以公众为本的公共服务的提供者。在这种新型的政府与公众之间的关系中，公众是享受公共服务的“顾客”，政府应以公众这一主要顾客的利益

① 参见刘熙瑞：《服务型政府——经济全球化背景下中国政府改革的目标选择》，载《中国行政管理》2002年第7期。

为其行为导向,而公众理应享有监督政府行为的权利。因此,公众参与国家财政投入监督法律制度的建立和完善是顺应我国当前社会主义行政管理体制改革趋势的法治建设中的重要举措。

首先,公众参与国家财政投入监督机制应将“制衡”作为其立法的首要目标。(1)公众参与国家财政投入监督机制时,通过集合分散的社会公共偏好,从而更普遍地反映公众的公共利益。在公共财政模式下,任何关乎公共利益的重大国家财政投入决策和使用财政投入行为都应由公众决定,并受到公众的监督,以体现公众的共同利益取向。但是,公共利益偏好相对分散,不同的公众群体有不一样的利益诉求,而公众参与国家财政投入监督机制时,以预算审议等公共选择的决策方式,为不同的公众利益集团、公众和政府机关提供了一个平台,使不同利益诉求者之间能够在此谈判交易,最终通过公共选择机制,达至最大限度的利益平衡。(2)公众参与国家财政投入监督机制时,通过程序设计改变政府使用国家财政投入资金管理中的博弈关系,达到制约各方主体行为的效果。以政府预算为例,其资金供求双方都存在违背公共利益,最大限度地争取自身利益的“经济人”的行为动机,因此,可能致使政府预算规模的无效率扩展。① 而人民代表大会作为一种制衡的力量,通过公共选择决策的程序设置,公众代表对政府提交的国家财政投入决策(预算报告)进行民主表决,确定政府使用国家财政投入的规模和用途,从而打破了原有的由预算资金供求双方垄断的国家财政投入决策模式。公众参与国家财政投入监督机制时,在财政投入决策资金供求双方的目标函数中嵌入了公共选择的制衡因素,

① Kraan, D. J., *Budgetary Decisions—A Public Choice Approach*, Cambridge University Press, 1996, p. 136.

使原有的两方博弈关系发生了变化，有利于提高其使用的财政投入资金的效益。(3)公众参与国家财政投入监督机制时，将公众引入国家财政投入资金的使用过程中，由公众掌握国家财政投入决策的最终决定权，并赋予公众个体通过诉讼方式监督政府的具体使用财政投入资金的行为的权利，这样建立起了公共产品的提供者和最终消费者之间的直接交流和协商，缩短了国家财政投入资金使用的委托——代理链条，削减了政府在国家财政投入资金使用过程中的自由裁量权，可以有效诱导政府在使用国家财政投入资金时理性地减少或杜绝“寻租”，并将为委托人——公众提供相应的公共产品和服务置于首要任务，最终实现财政投入资金的节约和高效使用。

其次，公众参与国家财政投入监督立法还应兼顾“效率”目标。追求效率是服务型公共行政模式的逻辑起点和终点，公众参与国家财政投入监督机制可以促进服务型公共行政达到效率目标：一是公众参与国家财政投入监督机制时，通过公众外部监督方式，为政府公共行政进行明确的绩效目标控制。所谓“绩效”，是指效益和效率，即政府进行行政管理的效率和效益。不同的政府行政模式对政府绩效考核的标准是不同的：在传统政府行政模式下，政府绩效主要是从政府管理经济的角度以经济效率为标准，即考察政府是否以最低的成本作出了最高效率的事情：(1)政府应在有限可供利用资源的条件下提供更好的服务；(2)政府应在花钱少的情况下保持特定的服务水平。而服务型公共行政模式对政府绩效的考评更加注重社会公共利益的内容，更加注重其提供的公共服务和公共产品的消费者——公众的取向，以及其所提供的公共服务的质量。在此理念的指导下，每个国家在设定具体的政府行政绩效的评估标准时不尽相同：英国按照经济、效率和效益标准对政府行政绩效进行评估;美国注重对政府的具体项目进行具体的绩效评估,因此其评估标准是根据不同的政府项目的特征而不断变化的;澳大利亚采用的是投入和产出(包括数量和质量以及效果)的评估标准;荷兰是以"政府部门的规模"、"政府信息公开程度"、"政府腐败程度"和"政府干预经济的程度"为评估标准。事实上,无论采用什么内容,评估政府行政绩效的一个核心标准就是政府是否真正做到了"取之于民,用之于民",而且"用之于民"是否达到了纳税人预期的结果。而这一核心标准的运用只能在引入公众参与国家财政投入监督机制的情况下才能完成,只有建立健全有效的公众参与国家财政投入监督机制,才能确保政府遵从公众的意愿,合理、高效地使用他们所让渡的税款。二是公众参与国家财政投入监督机制时,通过公众外部制约的方式,督促政府部门从"只重投入,不问结果"向"重视产出和质量"转变。公众参与国家财政投入监督机制为政府财政资金的提供者——公众提供了监督和问责政府的平台,根据交易成本理论,公众有权对政府低效和无效地使用国家财政投入资金的行为进行问责,这种直接的责任追究,会极大地促进政府在行政过程中注重成本——效率的分析,注重降低成本、提高效率,真正完成从政治官僚模式向公共行政模式的转变。

公众参与国家财政投入监督立法的"制衡"和"效率"两个目的之重要性并非等量齐观,而是有主有次。"制衡"目的居于首要位置,只有实现了"制衡"目的,公众参与国家财政投入监督法律制度才可能促进政府行政达到"效率"的结果;如果"制衡"目的落空,"效率"目的便成了"无源之水,无本之木"。

(二)公众参与国家财政投入监督法律制度的基本原则

公众参与国家财政投入监督法律制度的基本原则,是指公众参与国家财政投入监督法律体系应当遵循的指导思想，是制定公众参与国家财政投入监督具体法律规则的根本准则。“在体系的金字塔里，尚有较高位阶与较低位阶的各种原则存在。在最高顶端位阶的原则乃是一个基础原则或数个基础原则（第一次的或基础的价值判断）……紧接着其下位的层面，乃是完全具体化的下位原则（从属的、第二次的价值判断或个别的价值判断，次位体系的支柱）。”①公众参与国家财政投入监督法律制度的原则也应呈现这样的金字塔式体系：最高位的是法律的基本原则；次高位的是财税法的基本原则；最下位的是根据具体公众参与国家财政投入监督制度的特征，并依据上位原则演绎而来的具体原则。在这三个层次的原则体系中，法律的公平正义原则居于最高位，是统摄一切法律的终极价值目标。法律从诞生之日起就与“公平正义”密切相连，公平正义是法律存在的逻辑起点和终点，如果某项法律本身非公平正义或不能促进公平正义目的的实现，那么这项法律严格来说就是“恶法非法”，因此，公平正义原则被视为法律应有的价值表现。而财税法的基本原则起着承上启下的作用，它既是法律基本原则在财税法方面的具体诠释，又是公众参与国家财政投入监督具体法律制度——预算法律制度、审计法律制度和纳税人诉讼法律制度等的指导原则，因此，有必要以此为轴心对财税法的基本原则和公众参与国家财政投入监督法律制度的具体原则进行讨论，如图3－1所示。

① Tipke/Land，Steuerredht，S. 17f. 转引自陈清秀：《税法总论》（第3版），台北，翰芦图书出版有限公司2003年版，第17页。

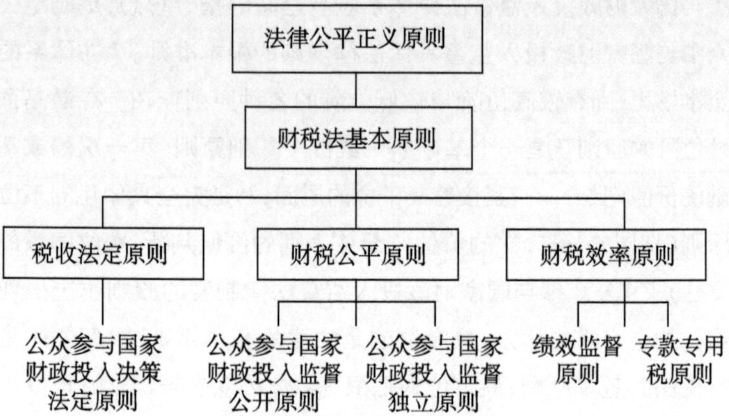

图3-1 财税法基本原则与公众参与国家财政投入监督法律制度具体原则关系

1. 由税收法定原则演变而来的公众参与国家财政投入决策法定原则

公众参与国家财政投入决策法定原则是由税收法定原则演变而来的公众参与国家财政投入监督的基本原则。税收法定主义被视为与罪刑法定主义并驾齐驱的现代法治国家的两大核心，其中，税收法定主义保障人民的财产，罪刑法定主义保障人民人身。① 根据税收法定主义的演进历史，需要明确的是税收法定中的“法”，是指狭义的、由人民通过自己选举的代议机关——立法机关制定的法律，因为它们是人民意愿的真实反映，而不包括其他广泛意义上的法律。长期以来，我们割裂了税收的征收和使用阶段，将税收法定主义狭义地理解为只是针对税款的征收阶段。事实上，这种对

① 参见郑玉波：《民商法问题研究（三）》，台北，三民书局1984年版，第547页。

税收法定主义的局限性理解，是由于过去的税收概念多是受到了财政学和经济学对税收分野的影响，并非按照现代宪法所蕴含的人民主权的人民权利保障理念而界定出来的一个非法律性的概念。其实，税款的征收和使用密切相关，仅仅控制税款的征收，但放任税款的使用，其实并没有从源头上解决问题。只有对政府使用国家财政投入资金阶段进行合宪性的法律监督，制约其随时可能膨胀的使用国家财政投入资金的“私欲”，保证那些征收到的税款只能被用于公众（纳税人）——受益人所要求的公共产品和公共服务，这样才能从根本上抑制政府妄图肆意征收税款的内心冲动。因此，在当代财政税收立法领域，税收法定主义的精神实质更重要的还在于强调国家的税款支出权应该属于人民，税款的使用更应适用税收法定主义，即税款不经过人民代议机关——立法机关指定的法律不得任意支出。北野弘久教授指出：“在现代公共财政国家中，因为国家的一切活动的物质基础都源于人民的税收，而国家的各项活动又都是基于人民的权利的保障，包括对人民的生存权、受教育权利等权利。因此，租税从本质上来讲应是国家为了实现人民的各项基本权利而向其征收的一种‘公共福利目的税’。”①为了使现代税收的概念（税的征收与使用相统一）从法律上获得成立，并落实于税收的立法实践，北野弘久教授还以税收法定主义为基础，以宪法为依据，提出：“在租税国家体制下，因为作为纳税人的人民承担着对符合宪法目的的租税缴纳税款的义务，因此，租税的支出必须符合宪法所规定的保障人民基本权利的目的。而作为纳税人的人民有权享有同意税款的征收和监督税款

① ［日］北野弘久：《税法学原论》，陈刚等译，中国检察出版社2001年版，第17页。

使用的权利。这一由宪法直接引导出来的新人权被称为‘纳税者的基本权’。”①

“由于在税法的具体实践中，租税法律主义原则是以不断变化着的形式出现的，所以，如何在不同的场合具体地追求和确认这种不断地变化着自己形式的租税法律主义原则的理念，是建立在既定税法秩序基础上的税法解释论最基本的客体。”②《立法法》第8条第6项和第9项关于“财税制度只能制定法律”的规定可以说是我国税收法定原则最具代表性的规定。根据这一规定，政府的国家财政投入决策应该严格由立法机关审议批准后才能执行，审议批准后的国家财政投入决策要进行调整时也应该有法定的程序。然而，大多数学者认为，税收法定原则是一定历史时期和历史条件下产生的结果，随着现今越来越变动不居的经济和社会发展态势，国家财政投入资金的使用往往是为了应对突发情形而作出的一种反应，在此种情形下，如果一味地固守对“法律”的狭义化理解已经不能满足现实需求，因此，有必要对税收法定原则进行有限度的扩张解释，在狭义的“法律”理解和现实随意的政策化中寻找一条中间道路，就是国家财政投入决策法律化。

国家财政投入决策法律化是个庞杂的范畴，国家财政投入实质上是对“合法侵犯”后的公众（纳税人）私有财产的使用，如果没有法律对其进行严格的限制，会使公众（纳税人）的私有财产置于一种随时被侵犯的不安全状态，因此，税收法定原则是一定要坚持的公众参与国家财政投入监督法律制度的基本原则。我们只能从

① ［日］北野弘久：《税法学原论》，陈刚等译，中国检察出版社2001年版，第17页。

② ［日］北野弘久：《税法学原论》，陈刚等译，中国检察出版社2001年版，第17页。

形式上对其进行相应的扩展，将“法律化”作一种广义上的法律理解，即指除由全国人大及其常委会颁布的法律之外的其他规范性法律文件，如行政法规、地方性法规和规章等，它强调的是对国家财政投入决策的一种程序性控制。也就是说，立法机关在一定情况下，可以依据经济社会发展的需要，将其国家财政投入决策立法权有限地授权给其他机关，但是，其他授权机关行使这一立法权的效果，应与立法机关行使的效果根本上趋向相同，即所有的这些授权立法都应使政府的国家财政投入决策不偏离为公众服务的核心价值追求，否则就否定了税收法定原则。为了在保持税收法定原则的核心精髓和突破税收法定主义过于严苛的边界之间保持平衡，国家财政投入决策法律化可以选择这样一条道路：在国家财政投入决策领域，立法机关在授权其他机关制定相应的从属性法律规范时，在授权的法律中应对授权的目的、范围和内容等作出具体明确的规定，从而使纳税人可以从授权法律本身预测到政府的使用国家财政投入的行为效果。其中，被授权的机关应当是宪法法律规定的享有制定法律、法规和规章等法律规范性文件权力的机关。只有严格遵循这样的国家财政投入决策法律化道路，才可能在授权的同时做到限权。

2. 财税公平原则演变而来的公众参与国家财政投入监督基本原则——公众参与国家财政投入监督公开原则和公众参与国家财政投入监督独立原则

财税公平原则是国家与公众之间的本源关系问题，即国家为什么应该征税和纳税人为什么应该缴纳税款的问题，它体现为国家与纳税人之间的税款课征关系的适度，在保证国家财政收入的前提条件下，国家进行最少量的征税活动。财税公平原则在国家与纳税人税收权利(力)义务的关系中起着平衡和均衡的作用，即依据财税公平原则，纳税人不可能只承担纳税义务而不享有因此而应该享有的税收权利，同样国家也不可能只有征税权力而不承担向纳税人提供等价等量的公共产品和服务的税收义务；另外，在国家与纳税人的税收权利（力）义务关系的分配上还应体现公平原则，即双方的权利（力）义务在数量和性质上基本对等，不能出现国家权力无限强大，以至于可以恣意地以"公共利益"的名义侵犯纳税人的财产权利，其征收税款和使用税款的权力超越了本应作为其本源的（纳税人的）权利，并异化为权利的对立面。① 财税公平原则也直接影响我国政府与纳税人之间的关系，政府部门与纳税人之间的关系已经逐渐由"命令—服从"关系向"服务—合作"关系转变。政府在征收税款和使用税款方面拥有多大的权力，与其公共服务的职责范围休戚相关，因为政府履行其职责时需要纳税人来"埋单"。② 财税公平原则体现了纳税人与政府之间的纵向公平，它是一种成本收益式的公平，正是在财税公平原则的内涵下，衍生出公众参与国家财政投入监督的两个基本原则——公众参与国家财政投入监督公开原则和公众参与国家财政投入监督独立原则。

第一，公众参与国家财政投入监督公开原则。

公众参与国家财政投入监督公开原则包括两个层次：一是政府对国家财政投入的使用情况必须公开，公众或其代表有权知悉国家财政投入的方向和额度。二是公众监督的代理人，如代议机关和审计机关必须公开其监督情况，从而让公众了解对国家财政投入资金使用到底是如何进行监督的。"阳光是最好的防腐剂。"

---

① 参见刘丽：《税权的宪法控制》，法律出版社2006年版，第53页。

② See Robert W. McGee, *The Philosophy of Taxation and Public Finance*, Kluwer Academic Publishers, 2004, p. 3.

只有做到这两个层次的公开，才能向公众全面真实地反映政府使用财政投入资金的情况和实际存在的问题，让公众真正参与国家财政投入使用的监督中来，从而更加有效地发挥公众委托相应机关进行监督和公众直接监督的合力作用，最终促进公众参与国家财政投入监督发挥其矫正不法使用财政投入行为的作用，使国家财政投入资金的使用真正被用于满足公众的公共利益需求。

目前，我国有两部法律、法规对政府信息公开进行了较高法律位阶的规定，一部是2008年5月1日实施的《政府信息公开条例》（以下简称《条例》），另一部是2014年8月31日由第十二届全国人大常委会第十次会议表决通过，并于2015年1月1日开始正式实施的《预算法》。其中，《条例》的颁布和实施对我国行政公开法治建设具有里程碑式意义，因为它通过行政法规这种较高位阶的法律渊源形式，为建设阳光、透明政府构建了一定的法律基础。但是，《条例》对最根本、最核心的信息——政府使用国家财政投入信息的公开规定得还不够详细和明确，只是在第10条采取列举式概括性地规定了“县级以上人民政府及其部门应当……重点公开下列信息……（四）财政预算、决算报告……（六）政府集中采购项目的目录、标准及实施情况……”。但该条规定过于笼统和抽象，《条例》应当设置专门条款对各级政府及其部门的税款支出情况公开进行详细的规定，如规定“县级以上人民政府及其部门应当重点公开下列财政支出信息：（一）三公经费支出；（二）公务员薪金；（三）管理费用……”。只有通过这样专门对政府财政支出进行详尽的分类列举的方式，才能确保《条例》真正能起到督促政府公开使用国家财政投入信息的作用。新修正的《预算法》较之《条例》对国家财政投入信息公开方面的规定有所进步，其第14条规定：各级政府经过权力机关批准的预算、预算调整、决算、预算执行情况的报告及报表,①各级政府部门经过财政部门批复的部门预算、决算及报表,应在批准后20日向社会公开,还对政府财政转移支付安排、执行的情况、举借债务的情况以及政府采购等方面作出了信息公开的规定。

第二,公众参与国家财政投入监督独立原则。

公众参与国家财政投入监督独立原则是公众参与国家财政投入监督的本质要求。德国学者克劳斯·施特恩提出:“有效监督是以独立性为前提的。它甚至可以称为‘监督的生命之水’。”②公众参与国家财政投入监督实质上是指对使用国家财政投入主体的账目进行审查,以确定其是否同客观上可以确定的事实或法律规定相符合,如果监督不能独立,而是与财政投入使用者存在机构上、职能上和责任上的牵连,那么监督就不可能做到客观、中立和毫无偏袒。

公众参与国家财政投入监督独立主要包含国家财政投入决策监督独立。所谓公众参与国家财政投入监督独立,是指代议机关在审议政府预算报告的时候具有机构上的独立性和业务上的独立性。目前,我国的人民代表大会扮演着双重角色:一方面,它是人民的代议机关;另一方面,从国家组织结构的角度来看,它又是政党——国家体制下的一个组织机构。这种角色的双重性,使本应

① 《预算法》第14条规定:经本级人民代表大会或者本级人民代表大会常务委员会批准的预算、预算调整、决算、预算执行情况的报告及报表,应当在批准后20日内由本级政府财政部门向社会公开,并对本级政府财政转移支付安排、执行的情况以及举借债务的情况等重要事项作出说明。经本级政府财政部门批复的部门预算、决算及报表,应当在批复后20日内由各部门向社会公开,并对部门预算、决算中机关运行经费的安排、使用情况等重要事项作出说明。各级政府、各部门、各单位应当将政府采购的情况及时向社会公开。本条前3款规定的公开事项,涉及国家秘密的除外。

② [德]海因茨·君特·扎维尔伯格主编:《国家财政监督——历史与现状(1714—1989)》,刘京城等译,中国审计出版社1992年版,第23页。

作为人民代议机关的人民代表大会也一定程度上难以发挥其应有的监督和制衡作用。

3. 财税效率原则演变而来的公众参与国家财政投入监督基本原则——绩效监督原则和专款专用税原则

财税效率原则,是指政府的财税活动要有利于资源配置的合理化,达到帕累托最优,以实现行政成本的最低化和社会福利的最大化。基于财税效率原则可以衍生出公众参与国家财政投入监督法律制度的两个基本原则:

第一,绩效监督原则。国家财政投入使用一般分为以下几个阶段:国家财政投入决策草案的行政编制、国家财政投入决策的立法审查和批准、国家财政投入决策的执行(管理)和审计(控制)。公众参与国家财政投入监督通常有两种模式:一种是以控制为主的模式,另一种是以绩效管理为主的模式。传统的公众参与国家财政投入监督以控制为重点,它以在不同类别的开支上分配资源为导向,它主要用于分配和跟踪投入资金的支出,以确保财政责任,并尽量减少公共资源的侵占。在控制型国家财政投入监督模式下,行政机关总是会对其使用公共资源的自由裁量权进行最大限度的争取,而且会尽量避免对自身的事后监督。控制型国家财政投入监督模式所造成的一个有害激励就是"使用它或失去它"现象。立法机关通常都是以年为单位给各个机构拨付全年的款项,除了关系国家利益的重大事件(如自然灾害、战争和其他紧急事件)外,立法机关通常比较犹豫再增加款项的拨付。立法机关还会对预算的具体项目的调整进行限制。① 而且,对于每一财政年度没

① 重新编制预算是一种在分配目的下的资金转移,而不是那种应立法机关要求和批准的资金转移。在某些情况下,只要没有超过有关立法机关委员会制定的数额,政府机构会被允许重新编制预算方案。

有用完的资金,立法机关通常不会将其转移到下一财政年度,即资金要么被政府机构支出,要么失去它。行政机构及其工作人员对这些刺激的合理回应就是确保分配给他们的经费在本财年年底被用完,并且通过安排其他活动保持目前的预算分配水平。

控制型国家财政投入监督模式的激励结构使行政机关及其工作人员会因为实施了成本节约行为而受到处罚,即来年的部门预算会被减少;而政府部门如果在本年度花费完分配给他们的资金,他们将在来年得到相同的或者更多的资金分配。另外,政府行政机关认识到:如果通过改进或改革管理节约成本使其来年的资金分配量减少,而这部分资金转移给了那些超过或与其预算资金持平的机构,那么那些管理职能或业务范围减少的政府行政机关可能会通过扩大其投资组合来保持甚至增加现有预算资金水平,从而导致一些机构会因提供公共服务而竞争,产生复杂的体制结构。总之,控制型国家财政投入监督模式实质上是奖励了那些超过预算使用国家财政投入资金的政府机构,而对那些通过改革提高技术性效率的机构给予惩罚。

通常,实行控制型国家财政投入监督模式的国家会陷入赤字惊人、入不敷出,不断向公众增税的恶性循环。因此,为了降低行政管理成本,提高管理绩效,目前很多国家开始采用以绩效为基础的国家财政投入监督模式。绩效型国家财政投入监督模式试图通过将监督的重点从资源分配转移到结果考察,从而改变控制型国家财政投入监督模式中以投入为导向而产生的错误激励结构。通过将国家财政投入监督关注的重点从投入转向结果,绩效型国家财政投入监督模式一般强调两个关键要素:(1)产出和政府机构产出需要的投入之间的关系;(2)假定被立法机关通过的国家财政投入决策反映了公共消费者喜好的公共产品和服务成果,那么,每个政府机构都需要证明自己的年度国家财政投入执行情况是满足了绩效目标的。[①] 而且，绩效型国家财政投入监督模式通常基于以下三个假设：(1)目标一致，即职责各异的政府部门能制订出相关的并且有用的战略计划；(2)目标能量化，即在绩效报告中能对目标和结果是否达到予以数量化的检查确认；(3)激励机制，即重新设计控制预算体系，使预算与结果相联系，从而使各部门有充足的动机去有效分配资源和进行行政管理改进。

目前我国正处于全方位的经济转型期，如何撇除"唯 GDP 论"的"数字经济"，发展将质量和效益放在首位的"健康经济"；行政机关及其工作人员如何不再只顾及经济发展的单一指标，而是以民生为重，将公众满意作为其重要参照系，真正实现"服务型政府"的目标；如何改变由于缺乏效率观念，政府行为普遍重视过程而轻视结果，致使公共管理领域的投入和产出严重失衡的状况，达至高效率公共管理的目标，都成为当下我国公众参与国家财政投入监督法治应该考虑的重要问题。另外，我国目前的公众参与国家财政投入监督还是"控制型国家财政投入监督模式"，普遍存在"使用它或失去它"的倾向，甚至经常出现到年底有些政府机构突击消费的怪现象。因此，为提高国家财政投入使用效率，提高政府公共服务效率，我们应将绩效原则纳入公众参与国家财政投入监督的基本原则范畴。

第二，专款专用税原则。[②] 在公共财政模式下，作为公共财政收入主体的税款是通过单方面地、强制性地将纳税人私人所有的

---

① 最终，每个政府机构的年度绩效计划要结合机构的预算请求，以便说明资金是为满足绩效目标而配备的。

② 参见陆佳：《专款专用税：税法学视角下用税监督权的建构进路》，载《现代法学》2010 年第 2 期。

财产权转移给国家而实现的，与之相对的纳税人则可以凭借遵从或不遵从的策略选择来回应政府的税收转移行为。通过税收筹集财政资金的实际绩效将更多地取决于纳税人的预期支配下的选择；而作为国家财政投入使用方面的代理人——政府是否在国家财政投入方面遵循了公共财政的思路和导向，履行其在征税阶段宣称的税款用途的承诺，将直接影响政府和国家信用的建立，并决定纳税人的预期确立和行动选择，进而影响征税绩效甚至纳税人与国家和政府之间关系的和谐。而针对具有私人物品特性的公共产品和服务供给而征收的“专款专用税”反映了直接的成本和收益关系，使纳税人或其代表能够直接比较每一项活动，而不是包含多种成分预算的成本和收益，从而更理智和有效率地选择结果；而且“专款专用税”的设置有利于塑造纳税人稳定的预期，使公众参与国家财政投入监督权在税收法律层面就得以有效落实，进一步塑造“讲信用”的政府形象。

三、公众参与国家财政投入监督程序性立法模式的健全

前文在剖析目前我国公众参与国家财政投入监督法律制度存在的问题时，已经对我国目前的财政投入决策政策化的倾向进行了说明。这种财政投入决策普遍政策化的状况是与长期以来政府将其定位于“治理型行政模式”密切相关，由于政府的这种角色定位，它一直关注的是自己在国家经济发展和治理中的作用，而凯恩斯主义的“相机决策论”又深刻地影响政府的行为决策模式。这种长期在经济管理中的不需要固守规则的相机决策思想，使政府产生了相机决策的思维和行为定式，习惯性地推动政府在做任何决策时都秉承“相机决策”的理念。

公众参与国家财政投入监督法律和其他的主要通过实体性权

利义务型规范设置的法律——民法、刑法等法律制度不同，它总体上是一种为了保障公众参与国家财政投入监督规范化的程序性法律，如同很多公共支出管理学者所公认的那样，如果有一个设置良好的公众参与国家财政投入监督程序，就可以得到更加符合预期的国家财政投入效果；如果国家财政投入决策的程序是正当的，其结果也相应会是合理的。① 特别是在当下经济全球化和社会经济形势日益复杂的我国，政府的国家财政投入行为会针对具体情况进行“相机决策”，将其作为制约对象的国家财政投入监督法律制度也相应地退守到正当程序化规范的立法模式，通过对政府国家财政投入的事前、事中和事后程序的控制来实现其制衡和约束作用。

（一）健全公众参与国家财政投入监督程序性立法模式的必要性

公众参与国家财政投入监督程序性立法模式，是指在公众参与国家财政投入监督法律制度中，应首要关注公众参与国家财政投入监督权利的配置和不同主体行使国家财政投入监督权利（力）的程序，在公众参与国家财政投入监督程序正当的先决条件下，作为其监督客体的国家财政投入决策编制、国家财政投入决策审查和国家财政投入决策执行等才能逐渐走上合理和合法化的道路。当然，这并不是说，公众参与国家财政投入监督程序性立法模式排斥实体性规范，只包含程序性规范，而只是强调以程序性规范为主。

“从法律学的角度来看，程序主要体现为按照一定的顺序、方式和手续来作出决定的相互关系。其普遍形态是，按照某种标准

① 参见［美］艾伦·希克：《当代公共支出管理方法》，王卫星译，经济管理出版社2000年版，第4页。

和条件整理争论点，公平地听取各方意见，在使当事人可以理解和认可的情况下作出决定。”①也就是说，程序就是主体遵照法定的时间限制和顺序限制，按照法定的方式去为一定的法律行为。正当性的概念较为复杂，它不仅涉及的范围广泛，而且具有深厚的历史沉淀。概括而言，正当性主要包括两个层面的内容：一是约翰·罗尔斯所谓的“正义性”的实质正当性，二是马克斯·韦伯等所谓的“合法性”的形式正当性。因此，程序正当性可以解读为以实质正义性和形式合法性为导向的顺序、方式和手续。而具体到公众参与国家财政投入监督的正当程序也同样具有实质正义性和形式合法性要求。其中，实质正义性主要包括在公众参与国家财政投入监督法律基本原则中阐述的法定、公平、效率等原则；而形式合法性是指这些基本原则实现的机制合法化。健全公众参与国家财政投入监督程序性立法模式，有以下原因。

1. 多元价值下公众参与国家财政投入监督客体之国家财政投入决策的困境

在公共财政模式下，作为公众参与国家财政投入监督客体之一的国家财政投入决策本质上是一种公共政策。所谓“公共政策”，是指“政府依据特定时期的目标，在对社会公共利益进行选择、综合、分配和落实过程中所指定的行为准则”，②本质是“对社会价值作权威性的分配”。③ 较之一般性的政策，公共政策最大的特点在于其“公共性”，这种公共性的本质特征确定了其最重要的价值追求——公平正义，但是，任何一项政策的形成都是诸多价值诉

① 张文显主编：《法理学》，高等教育出版社、北京大学出版社2007年版，第179页。

② 陈庆云：《公共政策分析》，中国经济出版社1996年版，第91页。

③ 伍启远：《公共政策》，台北，商务印书馆1992年版，第51页。

求共同作用的结果，在政策活动中，会有一个很多层次价值取向构成的体系网络。①

国家财政投入决策作为政府履行公共管理和服务职责的手段，理所当然地具有公共政策属性，这也决定了国家财政投入决策活动必然是一个多层次、多方面价值诉求的结果。概括而言，国家财政投入决策的价值目标主要有：(1)效率价值。以 2008 年国务院“4 万亿经济刺激计划”为例，该项国家财政投入决策出台的背景就是中央政府为了抵御金融危机对我国经济的不利影响，在银行惜贷、企业信心不足、单靠货币政策已经解决不了问题的情况下，启动了 4 万亿的国家财政投入行动。从结果来看，这 4 万亿国家财政投入的决策，有效地扩大了内需，促进了经济增长，最重要的是重振了市场的信心，对稳定国内经济起到了重要作用。除此之外，政府会运用国家财政投入决策的确定来促进经济发展，体现其对效率价值的诉求。(2)公平价值。在公共财政模式下，政府的财政收入来自纳税人，相应的公共财政的使用也应用于全体纳税人，这就要求政府必须对所有的纳税人公平对待，对所有纳税人提供“一视同仁”的公共产品和服务。正如世界银行所提出的，政府的第一项职责和基础性工作是保证全社会的公平，包括将基本公共教育、公共卫生、社会保障、基础设施、公共安全等在内的基本公共服务体系作为社会公众生存和发展的基本要求。(3)道德价值。如浙江省人民政府办公厅于 2011 年 8 月 25 日专门为见义勇为人员出台了奖励保障规定——《浙江省见义勇为人员奖励和保障工作若干规定》(浙政办发〔2011〕90 号)，其第 24 条规定：对见义勇

① 参见陈建华：《浅析现代社会公共政策价值包中的多元价值构成》，载《前沿》2009 年第 1 期。

为伤亡人员的医疗费、误工费、丧葬费、残疾生活补助费和其他因见义勇为引起的合理费用,有加害人或者责任人的,经行为发生地县级公安机关、人民法院调解或者判决,由加害人或者责任人依法承担……无加害人或者责任人,或者加害人或者责任人确实无力承担的,通过社会保险乃至行为发生地县级人民政府在见义勇为经费中先行支付等途径解决。从该条规定和各地政府设立的见义勇为经费可以看出,政府的国家财政投入决策中还包含显扬善举的道德价值诉求。

“当某一社会存在强有力的合意或统一的意识形态时,程序的重要性尚不足以引起人们的重视,因为自明的价值前提往往不需要论证和选择性解释。当价值一元的状态不复存在时,程序就一跃而成为价值的原点。”①只有用正当程序性原则去约束国家财政投入决策的产生,健全国家财政投入监督的程序性控制,才能保证国家财政投入使用者——政府在多元价值取舍中达致符合公众本意的、正当合法的财政投入决策。

2. 应对政府合法性危机的内在要求

从德国学者奥斯瓦尔德·斯宾格勒所著的《西方的没落》中可以看出,西方学者开始热衷于探讨危机,如胡塞尔的科学危机、伯尔曼的法律危机,其中较引人注目的还有哈贝马斯的“合法性危机”。通常说到合法性,都是和政治制度紧密相连的,它主要指承认政治制度的尊严性。当资本主义发展到垄断资本主义时期,随着高额的财政赤字、通货膨胀等经济危机的全面升级,凯恩斯提出的以国家干预为中心的抑制资本主义经济危机和解决就业问题的

① 季卫东:《法律程序的意义——对中国法制建设的另一种思考》,中国法制出版社2004年版,第90页。

理论逐渐引起了资本主义国家的重视,开始进入国家对经济的全面干预时期,①也进入了哈贝马斯所言的晚期资本主义。晚期资本主义是一个全面危机爆发的时期,除了经济方面外,政治方面和社会文化方面都可能发生危机,而政治方面的危机表现为合理性危机与合法性危机两种形式。合理性危机就是行政系统的一种输出危机,即“行政系统不能成功地协调和履行从经济系统那里获得的控制命令”;而合法化危机是行政系统的一种输入危机,即“合法性系统无法在贯彻来自经济系统的控制命令时把大众的忠诚维持在必要水平上”。② 目前,资本主义社会最主要的危机就是合法性危机,而解决这一危机的改良主义办法就是通过法律的形式勾连其民众的支持与行政系统的运作体系,从而使行政系统获得合法性基础,这一合法性基础的理论基石就是程序主义民主。哈贝马斯认为,程序主义民主也可称为商谈主义民主,从本质上来看,其是由两大要素构成的:一是商谈的程序;二是商谈主体的平等性或对等性。只要一个国家的政治制度做到了这两点,即与公民形成对等性的商谈机制,就可以获得合法性。③

在程序主义民主的基础上,哈贝马斯进而提出了程序主义法律范式。“所谓法律范式,就是一个法律关于如下问题的代表性观点:权利体系和法治国原则可以怎样实现于一特定的直观语境之中。”④

---

① 参见李昌麒:《寻找经济法真谛之路》,法律出版社2006年版,第109页。

② [德]尤尔根·哈贝马斯:《合法化危机》,刘北成等译,上海人民出版社2000年版,第65页。

③ 参见[德]尤尔根·哈贝马斯:《在事实与规范之间——关于法律和民主法治国的商谈理论》(修订译本),童世骏译,生活·读书·新知三联书店2003年版,第371页。

④ [德]尤尔根·哈贝马斯:《在事实与规范之间——关于法律和民主法治国的商谈理论》(修订译本),童世骏译,生活·读书·新知三联书店2003年版,第240页。

程序主义法律范式的逻辑起点在于公民自主与社会之间相互依存的关系，程序主义法律范式不但要保护公民的个人权利，而且还要保障公民的政治权利。程序主义法律范式既不依赖自发的市场作用，也不依赖国家的措施，而是依靠民主商谈程序。① 只有当行政权力是公民的自主意愿通过程序主义民主和立法而形成时，政治才取得其合法性。

公众参与国家财政投入监督法律恰恰是公众监督政府对财政投入使用是否合法、合理方面的法律，而这一法律关系的确立恰好建立在哈贝马斯所提出的政府与公众之间的高层次的主体间性，这一主体间性是由政府与公众之间相互依存又相互排斥的关系决定的。一方面，两者存在相互依存的关系：政府必须依赖从纳税人手中转移过来的税款才能维持其运转活动，而纳税人也必须依赖政府提供的公共产品和服务才能实现其对公共产品的需求；另一方面，两者还存在对抗的关系：政府存在“自利倾向”，而且其使用税款的增加与纳税人直接支配的私有财产的减少呈正向关系，政府不当、违法使用税款导致的税款增加或税款使用效率低效，最后“埋单”的是纳税人。正是因为政府和纳税人之间的这种既相互依存又相互对抗的关系，使纳税人取得了监督政府使用税款的合理性和正当性。作为连接起两者监督合作关系的重要法律——公众参与国家财政投入监督法律，其实是促成他们之间交流，从而使政府的使用国家财政投入行为取得合法性的法律。根据哈贝马斯的程序主义法律范式，这一具有典型让政府使用国家财政投入取得

① 参见[德]尤尔根·哈贝马斯：《在事实与规范之间——关于法律和民主法治国的商谈理论》(修订译本)，童世骏译，生活·读书·新知三联书店2003年版，第549页。

合法性的法律，理所当然地应当将关注重点放到监督国家财政投入决策形成和具体使用国家财政投入行为的过程。只有这些过程符合民主的意见形成和意志形成过程的程序，为纳税人和政府提供一个进行合理化商谈的渠道，才能为政府使用国家财政投入资金提供合法性基础，才能使两者之间的相互排斥的紧张关系得到缓和，从而使整个社会达至和谐。因此，为了保证公众参与国家财政投入监督法律能够顺利协调政府与纳税人之间的关系，必须对公众参与国家财政投入监督法律提出程序化建制的要求。只有通过程序化的规定，才能保障公众全程参与国家财政投入决策和使用，通过双方的对话和协商机制完成交流和交往，防范政府利用政治权威对这一商谈过程施加不当影响。正是从这一角度出发，公众参与国家财政投入监督法律的程序化建设至关重要。

3. 有效实现公众参与国家财政投入监督功能的本质要求

在纳税人与政府之间的税收协议（包括税款的征收和税款的使用）中，虽然存在一个隐含的对价关系，即纳税人支付的税款是政府向其提供公共产品和服务的对价，而且这个对价关系在本书后一章要论述的专款专用税中表现得更为直接。在纳税人按照双方约定的税收协议（通常表现为税法）缴纳了税款后，纳税人便生成了两个应受法律保护的利益，即返还利益和信赖利益。首先，返还利益就是纳税人基于对政府将提供对价公共产品和服务之允诺的信赖，向其交付了对价的税款，而政府未履行其允诺，法律应该迫使违诺方交出其从纳税人处接受的价值。这种为了防止违诺方的不当得利而保护的利益就是返还利益。其次，不去固守违约方的得利，我们可以寻求给予守诺方由允诺形成的期待价值，即一个特定履行（specific performance）的诉讼实际上是强迫被告向原告提供允诺了的履行，这种为了还原纳税人处于假若政府履行了其允诺其应处的处境所保护的利益就是期待利益。[①]政府并没有履行其允诺,这时候就应该判予政府——违诺方承担违约责任,只有这样才能保护纳税人——守诺方的返还利益和期待利益。但是,单纯地以违约责任来惩罚政府不当甚至违法使用国家财政投入资金行为,并不能涵盖所有的使用国家财政投入资金行为。首先,除专款专用税外,对大多数不具有私人产品性质的国家财政投入资金行为来说,违约后果本身就很难界定。每个纳税人对公共产品的数量、质量等的预期迥异,何种程度的数量和质量不合格属于违约范围很难像普通合同或协议中当事人那样详细、明确地约定,因此,很难以此为依据要求国家财政投入使用主体承担相应的法律责任。其次,政府使用财政投入资金的行为和后果之间的因果关系很难确定,政府提供的公共产品和服务的数量多寡与质量优劣受到很多因素的影响,有时难以界定政府使用国家财政投入资金的行为与产出的公共产品和服务之间的因果关系。因此,仅从政府产出的公共产品和服务结果的角度来追究政府使用财政投入资金行为的责任并不全面。

其实从公众参与国家财政投入监督的本质目的来看,其主要是防止国家财政投入主体主观武断和非理性地滥用使用国家财政投入权力,而"法律程序在已有的制度实践中的作用主要体现为以下几个方面:一是对于恣意的限制;二是作为理性选择的保证……"。[②] 作为以监督和约束政府使用国家财政投入行为为目的的公众参与国家财政投入监督法律制度,更应通过完备科学的程序设置,制约国

① 参见[美]L. L. 富勒、小威廉·R. 帕杜:《合同损害赔偿中的信赖利益》,韩世远译,中国法制出版社2004年版,第6页。

② 季卫东:《法治秩序的构建》,中国政法大学出版社1997年版,第15~19页。

家财政投入资金使用主体(包括政府行政机关及其工作人员)恣意使用国家财政投入资金的权力,以保证纳税人缴纳的税款尽可能地被使用到公共产品和服务的提供上。从这一意义层面上看,以程序违法为国家财政投入监督法律责任的追责依据具有合理性和可操作性。使用财政投入资金主体必须依照法定的程序进行国家财政投入决策和实施财政投入行为,否则,就应承担相应的法律责任。需要明确的是,国家财政投入使用法律责任基于国家财政投入使用主体的程序违法性与“使用财政投入法律责任是一种违约责任”的设定并不矛盾,因为违反国家财政投入使用法定程序的行为必然会造成使用财政投入结果的违约性,即使用国家财政投入结果不符合纳税人缴纳税款时对其对价公共产品和服务的预期。理想的公众参与国家财政投入监督法律框架应为实体法和程序法都各司其职:一方面,对于具有私人产品性质、具有直接对价关系的专款专用税款的使用,可以直接以实体法形式约定纳税人和国家财政投入使用人之间的权利义务关系,一旦专款专用税的使用没有达致预期的效果,纳税人可以违约责任为由对国家财政投入使用人进行责任追究;另一方面,对于不具有私人产品性质、不能形成直接对价关系的其他税款的使用,就需要摒弃宣言式的权利义务的实体性立法模式,而采用具有相应的可操作性的程序性规定,并配置相应的违反法定程序的法律后果,从而使公众参与国家财政投入监督法律成为财政投入使用人必须遵守的“硬法”。

(二)公众参与国家财政投入监督程序性立法模式的特点

1.公众参与国家财政投入监督程序性立法模式中的“程序”之内涵

功利主义法学理论的开拓者边沁将“实体”的哲学概念引入法学,将实体法确定为规定人们之间实在的权利义务关系的法律,而程序法是指用以实现实体法权利义务手段的法律。边沁从工具主义出发,将程序法定位为一种实现实体法的工具。受此影响,我国法学界通常将程序法理解为诉讼法,甚至将程序法定义为“规定实现实体法有关诉讼手续的法律”。[①] 事实上,程序是一个内涵复杂的概念,它的通说概念表述为“按照时间先后或依次安排的工作步骤”,[②]落实到法律程序就是按照法律规定的时序、方法设定、调整、实现权利义务的步骤,[③]具体到公众参与国家财政投入监督法律程序就是使用国家财政投入者应该按照公众参与国家财政投入监督法律规定的时间顺序(例如,预算的编制、送审和审批等时间顺序)、方法(如预算必须要经过人大审议通过)行使纳税人所赋予的使用国家财政投入的权力。

公众参与国家财政投入监督程序法将纳税人与国家财政投入使用人之间隐含的、宣言式的应然权利义务切实转换为具有技术上可行性的实然权利义务,从而动态有效地规范财政投入使用人的使用财政投入资金的权力。具体而言,公众参与国家财政投入监督程序性法律是由设定、实施、救济和监督四个系统组成的程序法体系:(1)设定程序系统,包括国家财政投入主体设定程序、国家财政投入使用主体和公众参与国家财政投入监督主体的权利义务设定程序。(2)实施程序系统,包括国家财政投入决策实施程序、国家财政投入资金使用行为实施程序、公众参与国家财政投入监督实施程序(包括履行、变更、终止程序)。(3)救济程序系统,包括

---

① 中国大百科全书总编辑委员会《法学》编辑委员会、中国大百科全书出版社编辑部编:《中国大百科全书·法学》,中国大百科全书出版社1984年版,第80页。

② 辞海编辑委员会编:《辞海》(编印本),上海辞书出版社1980年版,第1752页。

③ 参见张令杰:《程序法的几个基本问题》,载《法学研究》1994年第5期。

自力救济程序、准司法救济程序和司法救济程序等。(4)监督程序系统,包括国家权力机关监督程序和纳税人监督程序等。① 另外,由于国家财政投入资金使用者和公众地位不平等,前者在行使其使用国家财政投入资金权力时容易恣意专断,因此,公众参与国家财政投入监督程序应为强制性程序,即国家财政投入资金使用人必须按照法律所规定的程序行使其使用财政投入资金的权力,一旦违反将承担相应的否定性法律后果。唯有如此,才能将行政机关及其工作人员的使用国家财政投入资金的权力限定在法律预设的时序、方法和步骤框架下合法运作,从而防止恣意武断、无限制地自由裁量,最终保证国家财政投入资金使用主体在行使权力的过程中保持公众纳税时所预期的状态。

2. 公众参与国家财政投入监督程序性立法模式应当凸显以程序为核心的立法特点

公众参与国家财政投入监督立法模式的转换虽然并不完全排除公众(纳税人)与国家财政投入资金使用主体之间的权利义务关系的实体性内容,但是,在公众参与国家财政投入监督立法中应该凸显以程序为核心的立法特点,即应以财政投入资金使用主体设定程序、公众参与国家财政投入监督权利义务设定程序、国家财政投入决策实施程序、国家财政投入资金使用行为实施程序、公众参与国家财政投入监督实施程序、公众参与国家财政投入监督救济程序等内容为其立法的核心内容,参与国家财政投入监督的公众(纳税人)与国家财政投入使用主体之间的实体性权利义务规范都应当以程序为核心问题展开。落实到具体公众参与国家财政投入监督的法律结构和内容的安排上,就应当做到以程序应有的时序

① 参见张令杰:《程序法的几个基本问题》,载《法学研究》1994年第5期。

和步骤为核心进行排序，如《预算法》就应当按照预算产生的程序进行法律的篇章结构和各个主体权利义务规范的排序，应当将预算主体设定程序、预算编制程序、预算预审程序、预算审批程序、预算修改程序、决算审批程序、预算追责程序等作为《预算法》的主要内容，在各个程序中，再进一步对实体性权利义务内容进行规范，如预算编制主体的权利义务、预算审批主体的权利义务、预算追责主体的权利义务等。同样，在《审计法》中，也应当按照审计的程序进行排序。

3. 公众参与国家财政投入监督实体性立法模式和程序性立法模式分别在高位阶和低位阶的立法中予以体现，相互配合，共同作用

公众参与国家财政投入监督立法的首要目的是监督和约束行政机关及其工作人员的使用国家财政投入资金的自由裁量行为，杜绝其恣意专断地使用国家财政投入的行为，而要达至此目的的要旨就是将国家财政投入资金的使用主体行使其使用财政投入资金的权力的整个过程放置于一个法定的程序框架内，通过预设法定的时序、步骤和后果规范相关主体的使用国家财政投入资金的自由裁量权，从而从程序上阻断相关主体滥用财政投入资金的可能性。完成这一法定程序的建设，实际上需要实体性权利义务规范（例如，公众参与国家财政投入监督权利主体、财政投入资金使用主体、国家财政投入决策义务主体、国家财政投入决策审批决定权、法律后果等）和程序性规范两种类型的规范共同作用，缺一不可。在通常情况下，应在稳定性较强的高位阶立法中确定公众参与国家财政投入监督立法的实体性权利义务内容，如在《宪法》中明确公民不仅有依法纳税的义务，还应同时享有依法参与监督国家财政投入的权利；在税收基本法“纳税人权利”篇中明确纳税人

享有依法参与监督国家财政投入使用的权利等。而在更为具体的低位阶立法中再根据不同的参与监督国家财政投入内容进行程序性的明确规定，如在《预算法》中将公众参与国家财政投入监督的内容分为预算的编制、预审、审批、法律后果四个部分，在每个部分按照步骤进行程序性规定。也就是说，高位阶法既是公众参与监督国家财政投入权利的基础，也是规定公众参与监督国家财政投入具体程序的基础；而低位阶法是权利的具体化、步骤化和程序化。只有通过这样抽象和具象、宣言式和可操作式的规范的相互配合、共同作用，才能达到限制和约束相关主体使用国家财政投入资金的目的。

（三）公众参与国家财政投入监督程序性立法模式中所涉及的制度

1. 公众参与国家财政投入监督的信息公示制度

公众参与国家财政投入监督的基础在于公众知情，知情可以说是公众参与监督国家财政投入的前提。公众知情除需要公众个体具有获取相关财政投入使用信息的意愿与坚持外，更依赖于作为国家财政投入监督所需信息主要持有者的公权力机关主动公开信息的信息公示制度。

公众参与国家财政投入监督的信息公示可以采取主动公示和依申请公示两种方式。其中，主动公示制度，是指国家财政投入资金使用主体有义务在公共媒体或互联网上刊载重要的财政投入使用信息，如政府的年度预算和决算报告、重大公共建设开支情况等以方便公众查阅，公众可以免费在各个公开渠道查询和下载上述国家财政投入资金使用信息；除上述财政投入资金使用主体主动公开的信息外，公众也有权了解财政投入资金使用主体具体的行为信息，如公众可以对基层政府公款开支情况提出了解申请，基层政府应在法定期限内给予正式的书面答复,如果基层政府拒绝提供,公众可以行政不作为等理由向上级政府提起行政复议或向法院提出诉讼请求,以督促被申请的财政投入使用主体公示相应的财政投入资金使用信息。

公众参与国家财政投入监督的信息公示不仅包括国家财政投入支出信息的公示,还应当保证公众有权了解财政投入支出相应的各项公共服务事业开展的情况,以便公众对公共服务提出意见和改进建议。例如,法国在1992年颁布的《水法》中就明确要求行政长官有义务向公民公布城市用水的水质化验结果,还应向市镇一级议会提交有关饮用水、垃圾回收、处理等公共服务价格、质量的年度报告。某些市镇甚至制定了"服务章程",承诺及时向市民通报各类公共服务管理信息,倾听用户所需,并明确规定接受市民监督的规范和程序。上述公众参与国家财政投入监督的信息公示制度的建立不仅改变了法国行政活动保密的传统,而且也为公众参与监督国家财政投入创造了条件,使国家财政投入的使用活动被置于公众的普遍监督之下。①

虽然我国在2008年《条例》颁布后有了政府预算信息公示的尝试,但目前我国的公众参与国家财政投入监督的信息公示制度总体上处于发展的初级阶段,急需加强建设,切实地通过立法促使国家财政投入使用主体——行政机关及其工作人员承担主动公开和依申请公开其使用财政投入信息的义务,从而使每一笔财政投入的使用都置于阳光下,以保证财政投入的使用达到预期的效果。及时向公众公布,从而使国家财政投入活动的整个过程都置于公

① 参见蔡定剑主编:《公众参与——欧洲的制度和经验》,法律出版社2009年版,第199页。

众的监督之下。需要明确的是，公众参与国家财政投入监督的信息公示制度不应该仅仅局限于实践中已经存在的具有一定形式主义倾向的“结果公示”，更重要的是应将国家财政投入的整个过程，包括决策准备过程、决策过程和实施过程全部公之于众，让公众知晓并参与国家财政投入资金使用的程序，从而避免出现公众参与国家财政投入监督只是事后惩戒之现象。

2. 公众参与国家财政投入监督的听证制度

公众参与国家财政投入监督如何通过一定的制度性设置，广泛高效地听取、吸收利益相关者的心声，从而提高公众参与国家财政投入监督的效率和被接受度，是公众参与国家财政投入监督程序性立法应该考虑的一个重要问题。在现代法治国家中，听证制度“以程序的公平保证实体结果的公正”的基本意旨决定了它成为矫正政府非理性行为（包括但不限于财政投入使用行为）的必然制度选择。一般而言，根据针对的事项不同，听证可以分为以下两种类型：正式程序听证与非正式程序听证。其中，非正式程序听证是专门针对行政决策行为和立法行为而设立，它具有灵活性的特点，能有效听取对象广泛的决策事项的利害关系人的意见。公众参与国家财政投入监督也应采用非正式程序听证，因为，国家财政投入决策的作出依据的是具有普遍性的事实，它不仅仅针对特定的对象，因而，听证程序为利害关系人提供了表达自身意见和相互博弈的平台和途径，让决策人充分了解各方信息，使其通过对不同意见进行甄别和选择后进行更加理性的抉择；同时，公众参与国家财政投入监督的听证制度由于其特有的公开性和辩论性特点，不仅能充分了解公众的意见，更好地选择受欢迎的政策，同时也能使公众的诉求得以畅快地表达，缓和决策者与公众之间的摩擦。① 听证程序为公众提供了表达自己意见、参与财政投入监督的渠道，使其感受到自己作为纳税人应有的权利得到了尊重和体现，也增强了他们对国家财政投入决策的遵从感和对纳税义务的认同感。

具体而言，应从以下几方面考虑公众参与国家财政投入监督的听证程序制度的建立：

首先，应在税收基本法“纳税人的权利”篇赋予公众（纳税人）参与国家财政投入监督听证的权利，即明确规定：非经法定程序财政投入不得予以使用。这里的法定程序有两方面的意义：一是实质性的正当法律程序，即国家财政投入资金使用行为必须符合公平和正义的实质要求。二是程序性的正当法律程序，即要求国家财政投入资金的使用必须听取利害关系人的意见，而听证制度就是符合上述实质和程序意义的必然制度选择。公众参与国家财政投入监督的听证权体现于听证的整个过程，从事先得到听证通知书—在听证会上表达自己的观点—听证主持人必须公正不偏倚（因此一般国家财政投入监督的听证会都应由人大主持）—要求决策者在听证后作出国家财政投入决策时进行解释等。

其次，公众参与国家财政投入监督听证必须切实贯彻公开原则。“阳光是最好的消毒剂，电光是最好的警察。”只有公开，才能避免“暗箱操作”，保证最后决策的公正性。因此，具体立法中应明确规定，除了涉及国家机密和安全的其他国家财政投入监督的听证都应公开举行：（1）必须提前在媒体上公告听证会的开会

① 参见［英］查尔斯·泰勒：《市民社会的模式》，载邓正来、［英］J. C. 亚历山大编：《国家与市民社会——一种社会理论的研究路径》，中央编译出版社1999年版，第5页。

通知，公告上应标明听证会举行的时间、地点、内容及议案主题等有关事项。(2)通过报名和筛选程序，确定听证参与人或听证代表人，并在听证会举行前将参与人的名单予以公告。(3)听证会举行时，应通过大众媒体对听证会进行直播，尽可能地让广大公众知晓听证会的情况。(4)听证会结束后，决策者将根据听证意见进行协商和决策，这一过程可以公开进行，也可以通过事后将协商决策过程的记录存放于公众方便查阅的地方，解决其公开性问题。

最后，应在《预算法》中明确规定，因为行政预算法案对公共财政影响的重要性和涉及对象范围的宽广性，应不同时间、不同地点地举行听证会。在一般情况下，当政府财政部门编制的年度预算报告提交给人大财经委后，人大财经委就应在一定时限内举行听证会，同级政府的每个机构和部门，无论规模大小，只要其经费开支在预算报告中有所涉及，都应参加听证会，接受公众代表的询问和质疑。听证会给政府机构和部门提供解释的机会，使其能详细阐述其预算需求，包括它提出的预算新科目、预期的预算拨款金额的理由和用途等。公众代表可以针对它们阐述的理由和信息进行提问和辩论。针对行政预算法案的听证会时间应该比单项的国家财政投入决策听证的时间长，可能是几天或几周，甚至长达 1 个多月；听证会的地点也不应局限于人大所在地，而可以到不同的地点举行，如针对公共医疗管理的预算拨款听证会，可以在医院和社区医疗中心等地举行。美国在对行政预算的听证方面的做法值得借鉴，如美国各个州议会每年的行政预算法案听证会通常会持续 1 个月左右，而且听证会除在本州范围内不同地点多次举行外，还会在联邦国会征求意见。①

3. 公众参与国家财政投入监督的信息反馈制度——审计制度

国家财政投入活动过程包含四个阶段：一是国家财政投入决策形成阶段；二是国家财政投入决策的制定阶段；三是国家财政投入决策的实施阶段；四是国家财政投入审计与结果评估阶段。前文所述的公众参与国家财政投入监督的信息公示制度贯穿于国家财政投入活动的全过程，公众参与国家财政投入监督的听证制度主要针对的是国家财政投入活动的前两个阶段，而对于后两个阶段的监督主要适用的程序性制度是审计制度。由于信息的不对称，虽然公众可以通过前文所述的信息公示制度，提起申请要求财政投入使用主体公布其使用财政投入的信息，但由于在财政投入信息的掌控方面，财政投入使用主体的公权地位决定了它具有超高的信息掌控权，可以选择性地公布对自己有利的信息。因此，公众要想全面了解国家财政投入资金使用信息，只有赋予客观中立的审计机构以审计权力，对国家财政投入使用主体的使用国家财政投入的情况进行全面审核，唯有如此，才能真正做到全方位、全过程地约束和限制国家财政投入资金的使用行为，促进相关主体经济、理性地使用国家财政投入资金。

我们应从以下几方面考虑公众参与国家财政投入监督的审计制度的建立：

首先，应保证公众参与国家财政投入监督审计的独立性。审计监督的独立性是审计发挥其应有监督作用的前提和保障，而我国目前存在的审计监督是一种政府内部会计检查监督制度，属于财政投入使用主体自我监督审计制度。我国各地审计机关受审计

① 参见张文麒：《美国州议会的听证制度》，载《人大研究》2003年第8期。

署垂直领导，在一定程度上可以避免地方政府对其审计工作的干扰。而且，实践中地方审计部门都在配合地方人大监督地方政府财政投入使用情况。例如，2019 年 1 月 10 日四川省第十三届人民代表大会常务委员会第九次会议审议通过的《四川省预算审查监督条例》第 44 条规定："县级以上地方人民代表大会常务委员会审查批准本级人民政府上一年度决算草案时，应当听取和审议本级人民政府关于上一年度预算执行和其他财政收支的审计工作报告。必要时，可以对审计工作报告作出决议……"第 46 条还规定："县级以上地方人民代表大会常务委员会可以要求本级人民政府对预算安排的重点支出、重大投资项目以及政府性债务等进行专项审计，并听取和审计关于专项审计的工作报告。"

其次，公众参与国家财政投入监督审计应与公众参与国家财政投入监督问责紧密衔接起来。国家财政投入监督审计的结果将成为人大问责和司法机关问责的直接依据，其中，人大可以问责的手段包括利用预算审批权削减相关政府部门的预算额度、启动质询权和特别问题调查权对审计中所查出的问题进行深入调查、明确责任性质和责任后果、启动人事任免权对相关责任人予以相应的处罚；司法机关问责须由公诉机关根据审计结果予以启动，对相关责任人予以司法责任的认定。

4. 公众参与国家财政投入监督的诉讼制度

公众参与国家财政投入监督的诉讼制度也是一种事后监督制度，且是一种具有终极意义的公众参与国家财政投入监督的程序性制度。我国目前针对税款征收阶段的税务诉讼有相应的《税收征收管理法》予以规制，它仅是纳税人依据具体的税收法律关系，对损害其具体税收权益的税务机关的行政行为提起的涉税行政诉讼，不属于本书所讨论的纳税人诉讼的范围。本书所讨论的纳税人诉讼,是指公众(纳税人)针对国家财政投入资金使用中的违法行为向法院提起的诉讼,它不同于一般的私益诉讼,而是公益诉讼(actiones publicae populares)之一种,目前尚未有相应的法律规定,属于法治的"空白地带"。公益诉讼滥觞于古罗马时代,是古罗马市民为了保障社会的公共利益提起的一种诉讼,有别于必须基于个体的私益受到侵害才能提起的私益诉讼。① 作为传统私益诉讼模式的补充,公益诉讼主要针对的是私益诉讼没有能力有效救济的社会公共利益和扩散利益等非原告直接对应的自身利益。国家财政投入使用权通常涉及国家权力,司法对此规制乏力,因此造成我国目前国家财政投入使用行为欠缺可诉性的现象,诸如"中国纳税人第一案"——蒋某某诉常宁市财政局违法购车案的无疾而终便是例证。

然而,"法是使各种目标最终通过诉诸公的强制、制裁手段得以实现的社会性机制",②而法的强制和制裁功能只能通过诉讼予以实现,可诉性因其"所具备的未来判断社会纠纷的是非而使纠纷主体可诉求于法律公设的判断主体的属性"而成为法律精神和逻辑的实践性手段,③因此,霍姆斯才有了经典的"法律的生命不在于逻辑,而在于经验"的感叹。"当我们讨论税收和财政问题时必然要考虑的是政府应该做什么和其行为的界限,因为政府之行为都必须由纳税人付钱,政府所做的事情越多,纳税人要付出的钱也就

① 参见周枏:《罗马法原理》,商务印书馆1996年版,第24页。

② [日]田中英夫、竹内昭夫:《私人在法实现中的作用》,法律出版社2006年版,第4~5页。

③ 谢晖:《独立的司法与可诉的法》,载《法律科学(西北政法学院学报)》1999年第1期。

越多。"①因此,政府的使用国家财政投入的行为理应由公众(纳税人)问责,而纳税人诉讼是公众保护其合法权益、行使其问责权的最为普遍的司法规制进路。"国家有必要从纳税者对国家财政实行民主管理的角度,依据宪法精神,设置一个以保护纳税者基本权利目的的诉讼制度,并以许可纳税者提起诉讼的形式,完善纳税者诉讼的法律。"②

---

① McGee R. W., *The Philosophy of Taxation and Public Finance*, New York K. Academic Publishers, 2004, p. 3.

② [日]北野弘久:《税法学原论》,陈刚等译,中国检察出版社2001年版,第32页。

第四章　公众参与国家财政投入监督运行机制的制度构造

根据国家财政投入来源的不同,我们将政府所支出的国家财政投入资金分为专款专用税款和一般性税款。界分这两种税款的意义在于有效区分对其使用进行监督的直接主体和监督方式。例如,专款专用税由于体现了政府与公众(纳税人)之间的直接税收契约关系,因此,有利于公众(纳税人)对其使用进行直接的监督,纳税人可以通过事前不缴纳相应的专款专用税和事后的违约追责机制参与监督国家财政投入;而一般性税收由于没有直接体现税收契约关系,其收和支之间只能是间接的联系,因此,对于其支出应该构建起一个既包括显示公众(纳税人)偏好的国家财政投入决策监督制度,又包括国家财政投入决策执行结果监督与国家财政投入信息反馈制度的完备监督系统，并且这一监督系统还应以实现绩效监督为其监督的最高目标。两者关系如图4－1所示。

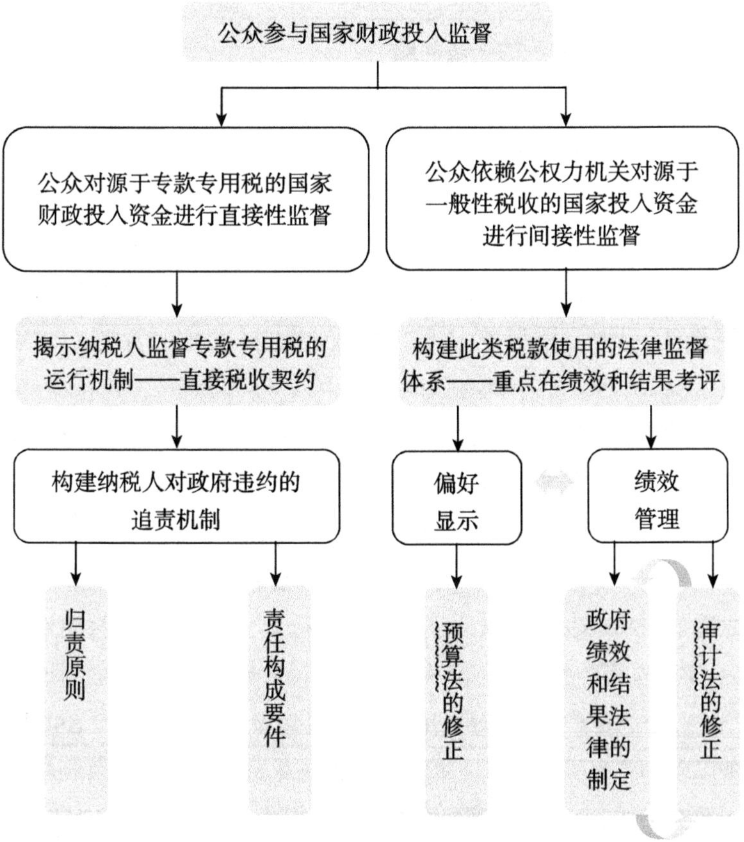

图4－1　公众参与国家财政投入监督运行机制

第一节　税款征收阶段的公众参与监督：专款专用税制度①

一、专款专用税的一般问题

（一）专款专用税通过直接税收契约的形式体现了公众参与国家财政投入监督机制

我国现有的人为分割财政支出法和财政收入法（税法）的做法是基于这样的假设——政府对税收收入的处置是外生决定的（这里的“处置”，是指将税收收入直接用于生产或者提供给纳税人所要求的公共物品和服务，还包括提供给政府机构的津贴等），它独立于税法本身。这个既有假设会产生以下问题：在公共财政的背景下，纳税人可以通过税法之税基、税率等要素的设计有效限制政府对税额的总需求，但是，纳税人基本上没有能力左右“外生”于税法的国家财政投入行为。纳税人如何同时在税法中保证那些征到的税款被用于他们所需求的公共物品和服务？如何使他们和国家之间的“税收契约”不仅涉及税款征收行为，同时涵盖税款使用行为，实现全面的契约化？解决这些问题的答案就是：我们必须设计出一种进入征税结构本身、用以阻止税额被不恰当地用于公共服务以外的约束机制。这种体现在税法本身的使用税款约束制度的本质在于：它通过完整契约的安排，将权力运行调向以公益为目的，从而满足纳税人所愿望之东西，而这一制度安排的核心就是一种特殊的专款专用税形式。

---

① 参见陆佳：《专款专用税：税法学视角下用税监督权的建构进路》，载《现代法学》2010年第2期。

专款专用税作为一种社会契约,既要满足社会性,又要满足契约性。社会性所关注的根本性问题就是“因为每个结合者都毫无保留地将自己的一切权利,包括人身权利和财产权利让渡给集体了,因此,必须找到一种有效的结合方式,使它能利用集体的全部力量来捍卫和保障每个结合者的人身和财产权利”。① 而契约性则必须体现双向义务性和拘束性特点,即政府提供公共产品和服务的义务与纳税人遵从缴纳税款的义务并存且双向对应。也就是说,纳税人订立契约统一纳税的前提是政府首先承诺将其所纳税款用于维护公共利益,提供公共产品和服务。如果政府违背契约承诺,没有将税收使用在事先承诺的用途,纳税人当然也就没有纳税之义务。

公共选择学派的代表人物詹姆斯·布坎南认为,专款专用税通过确定与政府提供的公共产品和服务正相关的税基,使其和政府提供的公共产品形成互补关系,纳税人可以通过缴纳相关税款来回应政府提供的公共产品数量的增减;如果政府不按照事先承诺的专款专用提供一定数量的公共产品,就可能征收不到相应税款,从而纳税人能够通过其缴纳税款的行为直接对政府提供公共产品产生激励。政府根据专款专用税法律条款的规定,基于征收前就已经预设好的支出定位,将源于某一种类税收的全部或部分收入,直接用于满足政府特定领域或活动的支出需要。专款专用税最明显的特点也是其优越性在于,它通过利用税基和政府活动之间的互补性,在特定税收收入来源和其支出用途之间建立直接的、一目了然的、长期固定联系的税收契约。这种税收契约一旦建立,可以产生以下迥异于一般性税收的效果,从而确保政府受到激

① ［法］卢梭:《社会契约论》,何兆武译,商务印书馆2003年版,第23页。

励将税款用于所要求的用途：一是强化收与支之间的紧密联系。在一般性税收中，税收收入与税收支出是完全孤立的两个过程，税收支出的水平取决于每一年度预算中的预计收入数额，这个数额大多是从过去年度形成的经验数据中得出的，其与收入的联系仅限于边际数量的调整上。而专款专用税在征收时即向纳税人作出承诺，保证他们所缴纳的税金必定会用于他们事先同意的公共事业的建设上，从而固化了收与支之间的契约性联系。二是增加了收支结构的刚性。与一般性税收的通常通过国家预算统一支出，用于全社会的需要，政府有关部门可以对资源再行配置，政府在一般性税收的使用上拥有较大的自由裁量权相比，专款专用税在其开征之时就固定了该项税款的用途，而且不容事后对其预设的用途作出改变，极大地巩固了收支结构的稳定性。总之，专款专用税的设立，其实是通过一种直接的税收契约形式，体现了公众参与国家财政投入监督的一种制度的建立——一旦政府违反了契约义务，没有将相应税收用于事先承诺的用途，纳税人就有权参与监督国家财政投入运行情况，追究其违约责任。

（二）专款专用税的功能决定了其在税款征收阶段实现公众参与监督国家财政投入运行的可能性

如果说“税法契约化体现”是专款专用税的“因”，那么，专款专用税的“果”即专款专用税的设置能有效改变在“税收义务说”税法制度下的“路径依赖”，[1]最终形塑国家和公众（纳税人）良性互动的税收契约关系，在税法本身实现公众参与监督国家财政投入运

[1] 在《理解经济变迁过程》（钟正生、邢华译，中国人民大学出版社2008年版）一书中，道格拉斯·诺思（Douglass North）把“路径依赖”简单地解释为“从过去衍生而来的制度和信念影响目前的选择”。

行。这种新型的税收契约关系的功能归结为两个方面：一是协调预期，二是传递信号。

1. 作为协调预期的专款专用税

从功能主义的进路来看，法律是一种能够稳定行为人大致预期的制度结构。① 在政府和纳税人的二元博弈结构中，如果处于优势地位的政府之使用国家财政投入的行为可以为纳税人稳定预期，那么，双方的互动关系就会由一种韦伯式的形式理性来支配。② 设置专款专用税，能够在国家和纳税人各自行为存在多重均衡的时候，帮助彼此形成一致的预期。在专款专用税制度下，国家按照得到公民同意的收入最大化税率向某一税基征税时，唯一可行的预算地位要求国家把实际征收到的全部资金用于提供公民所预期的公共产品，并且所有这些资金将能购买到立法阶段预期的足够数量的公共产品。因此，通过专款专用税的税法本身的“微调”，保障了税收收入之有效处置，甚至实现了预期的有效支出水平。

例如，占美国 GDP 的 6.3% 的工资税（payroll taxes）就是一种专款专用税，其在征收之初就向纳税人表明所征税款将全部用于美国社会的退休金和老年人社会医疗的费用退休金体系。由于工资税的专款专用，在纳税人和美国政府之间、退休金体系和其他预

① 参见[美]理查德·A. 波斯纳：《法理学问题》，苏力译，中国政法大学出版社 2002 年版，第 55 页。

② 马克斯·韦伯以现代资本主义经济的“可预测性”为出发点，就形式理性对合理安排、筹资甚至生活的必要性作过如下论证：“现代资本主义的事业主要基于算度，并以这样的一个法律和行政制度为前提，即这一制度的运作，至少在原则上，可能通过其确定的一般原则而加以理性地预测，就像对机器的运作那样。……不能接受……法官按照衡平观念或其他昔日普遍存在的，并在东方社会仍然存在的非理性的方法来决定具体案件。”

算支出之间都形成了稳定的预期。首先,纳税人和美国政府之间的预期稳定。纳税人在缴纳税款时即使税率再高也绝对遵从,因为他是在为自己的未来支付价款;美国政府在支出退休金和老年人的社会医疗费用的时候,也会自觉按照国会制定的法律条文计算出来的刚性比例进行:所有人只要符合法律规定的条件就可以领到这些政府津贴,政府绝对不敢擅自变更其用途,这是政府不可控制的花销(automatic programs)。其次,退休金体系和其他预算支出之间的预期稳定。工资税款交由美国社会保障局负责筹措和使用,从而避免了其他部门在权责划分、支出规模和水平的问题上的争议和扯皮,并可以在逐年积累的经验的基础上,不断降低成本,提高资金使用效益。

2. 作为传递信号的专款专用税

信号传递理论是经济学家迈克尔·斯宾塞(A. Michael Spence)于 1974 年最早提出来的,其因此理论获得了 2001 年的诺贝尔经济学奖的荣誉。信号传递理论本质上是一个动态不完全信息对策,由于非对称信息会导致效率损失,因此,传递信息的人应该努力通过最佳形式向接收信息的人传递信号,以达到社会福利的最大化。斯宾塞的信息传递模型包括信息传递者和接收者两个参与人,传递者拥有一些接收者所没有的、与参与人的效用或者支付相关的信息。信息传递的过程分为两个阶段:第一个阶段,传递者向接收者发出一个信息,或者是一个信号;第二个阶段,接收者接收到信号后做出一个行动,然后过程结束。埃里克·A. 波斯纳(Eric A. Posner)随后将信号传递理论用于解释法律的功能。他认为,一个人遵守法律,就是向他人传递一种自己具有合作精神的信号,是一个值得信任的人。

专款专用税将公共开支的决策以将收益直接与成本挂钩的民

主方式作出，传递出税收对价的信号，那么，作为纳税人的公众能够比较每一项活动而不是包含多种成分预算的成本和收益，他们很可能更理性、更有效地选择纳税结果。例如，很多发达国家的消费税都是专款专用税，即征收的税款通过基于不同使用目的设立的基金会而最终被使用到了先期预设的用途上：在美国，有机场和航线信托基金、公路信托基金和矽肺残疾信托基金等特定基金，这些特定基金的资金来源都是针对对应的课税项目征收的消费税，这些特定基金最终也会被联邦政府用于相关项目上；英国的航空环保税也是一种专款专用税，每位航空者需要支付最高达50英镑的航空环保税，以支付航班所排放的温室气体对环境所造成的损害。专款专用税的设置传递出政府未来使用这些税款用途的信号，作为纳税人的公众接收到信号预知了他们所支付的资金将用于使自己受益的活动时，便会遵从相关税款的缴付，完成专款专用这一完整的信息传递回路。

以信息传递理论为着眼点，专款专用税的设置，其实就是政府通过专款专用这一形式，向作为纳税人的公众传递出“自己愿意遵守承诺，将税款用于承诺的用途”的信号，纳税人接收到这个信息，选择遵从纳税的行为予以回应，从而形成双方之间高效率的税收征纳、税收使用和监督的良性关系；同时，政府还通过专款专用信号的传递，体现了对作为纳税人的公众的尊重，间接向公众表明自己愿意接受宪法约束的民主姿态，折射出在税法领域实施“税款使用规则之治”的宏大意义。

二、专款专用税公众参与国家财政投入监督实施机制的构建

（一）专款专用税的适用范围

如上文所述，专款专用税实质是将政府高层次的预算决策分

层化,有效地将纳税人和立法者融入合理预算决策的过程中。较之一般性税收在事后预算中统一由立法者实施高层决策,专款专用税开启了一个由委托人(纳税人)自己参与财政支出的路径,纳税人可以通过是否同意某项专款专用税的设置和选择是否遵从某项专款专用税的缴纳,充分表达其对某项公共产品或公共服务的偏好。

一般认为,由于专款专用税体现了纳税人和税收受益人的一致性、税收收入和支出的紧密联系性,因此,我们应分两个步骤对专款专用税税基进行确定。首先,对专款专用税的适用范围进行选择。由于专款专用税的直接税收契约性质,通常认为能采用专款专用税形式筹集财政收入,必定是税收受益原则能充分适用的、具有某些私人物品特性的公共产品和服务的供给领域。这些领域的公共产品和服务少有其他外部成本或效益,类似于私人产品的市场运行机制,可以直接由市场信号显示其需求量以及纳税人的支付意愿;而且,这些领域的税收支出也不需要考虑其他收入的再分配或发挥宏观调控作用等,从而能有效保证在特定收入来源与支出用途之间、纳税人和税收使用人之间形成较为直接的税收契约关系。其次,根据税基和政府提供的公共产品和服务之间的互补关系,对专款专用税具体的税基进行确定。当明晰了专款专用税的适用范围是具有市场运作机制的公共产品成本的筹集领域后,还需要确定具体的税基。在确定具体的税基时,应注意同时满足两个条件:一是需要税基与公共产品有强互补性关系。如果选择的税基相对于公共产品来说太大,就会造成两者之间的互补性变弱,从而导致专款之“专用性”的落空,无法实现纳税人在缴纳税款之初的对国家财政投入参与监督的预期。例如,汤普森曾提出资本税应专款专用于提供国防资金,因为资本积累导致外部侵略的危险。① 根据他的论证，资本积累会导致外部侵略的危险，在不存在资本税的情况下，会出现令人垂涎的资本的额外积累，新的资本形成鼓励国防支出以防范外部侵略者，因此，资本与国防开支具有互补性。但汤普森关于资本税专款专用于国防开支的提议很快遭到了反击，其中最大的争议点就是虽然两者之间具有互补性，但并非“强”互补性，无法对政府将资本税税款全部用于国防建设形成有效激励。二是税基要有足够的规模为其相对应的公共产品供给提供资金。如果选择的税基相对于公共产品来说太小，会导致能“专用”的“专款”数量不足，从而使公共产品的提供变为不可能。比如，在道路资金—汽车税（包括购置税、使用税、燃油税、轮胎消费税等）这组强互补关系中，如果仅仅只对汽车轮胎征税，就会产生由于税基过窄，使征收到的税款大大小于维持公路网所需要的成本数量，更不用说修建公路网所需成本。虽然是专款专用税，但由于“专款”数量不足，这样也使政府丧失提供相应公共产品的激励，导致纳税人参与监督国家财政投入监督的权利无法实现。

（二）专款专用税支出用途的表现途径

鉴于专款专用税是纳税人和政府之间就税收征收和使用的契约，因此在其制度设计中不但应体现双方对征收（主要集中于对税基的选择）的合意，还应表现出对用途的认同，这样，纳税人才可能通过考量政府是否遵循实现约定的用途使用相应税款来参与监督政府财政投入。具体而言，专款专用税的支出用途有两种具体的表现途径。第一，通过具体税种名义直接表示。例如，我国台湾地区主要设置了以下几个方面的“专款专用税”：一是“工程受益税”。是各级

① See Earl Thompson, *Taxation and National Defense*, Journal of Politcal Economy 82, 1974, p. 755 – 782.

管理部门对于辖区内道路、堤防、沟渠、码头、港口或其他土地改良的工程，针对其直接受益者征收的一种税，其数额以该工程花费为限，但该工程如果需要继续维持保养的，可以依其需要继续征收。二是金融保险行业的“营业税”。银行业、保险业、信托投资业、证券业、期货业及典当业等专属本行业的营业税收入，除保险业的再保费收入外，其余的营业税收入从2002年1月起到2010年12月底止（共9年）专款拨供我国台湾地区行政管理机构金融重建基金，作为处理问题金融机构之用。三是针对药品加收的“健康福利税”。90%用于全民健康保险安全准备，10%用于药害防治、卫生保健、伪劣药品的查缉、防治药品税的逃漏。四是“地方税法通则”。相关地区所得视为自治财政需要，依照规定开征特别税、临时税或附加税。其中应对开征的临时税指明特定的目的，并开立专款账户。第二，通过设立基金的形式予以体现。例如，美国在宪法和其他法律层面都规定了专款专用税，这些专款专用税款中的78%与两个社保信托基金、两个医疗信托基金、公务员退休和残疾信托基金以及邮政服务公共企业基金等6个基金相联系，其余22%的专款专用税与386个基金相联系。① 如美国宪法中规定了彩票销售税和汽车购置税的专款专用：彩票销售税的一定比例必须进入环境信托基金，以保证政府征收到此种税款后必然有一部分用于环保事业基金的准备，而不得擅作他用；汽车购置税必须进入交通项目基金，保证政府只能将此税款用于公共交通建设。另外，在其他法律层面，根据不同时期的公共产品需求重点的不同，美国进行了相应的专款专用税的立法规定，如在20世纪五六十年代，美国大力发展国民教育之际，法律规

① See Earl Thompson, *Taxation and National Defense*, Journal of Political Economy 82, 1974, p. 755 – 782.

定个人所得税的相当大比例应进入教育基金，从而保证教育事业的发展等。

（三）专款专用税之公众参与国家财政投入监督的法律保障——政府违约使用国家财政投入资金（税款）的追责机制

虽然以上从税收法律制度层面对专款专用税体现公众参与国家财政投入监督机制进行了相应的设计，但正如法谚所云：司法是正义的最后一道防线。倘若没有事后的司法追责机制作为抑制国家财政投入资金使用主体随意变更承诺使用税款的终极威慑，无论纳税人是否遵从缴纳税款，都不足以充分约束相关主体的税款使用行为。因此，本书试图以前述对专款专用税契约关系的思考为基点，运用合同法中的违约追责机制原理，力求从法律制度上构建起公众（纳税人）参与国家财政投入监督的框架性思路。

专款专用税在税法本身体现了政府和纳税人之间关于公共产品供给的广义契约关系，契约主体自然会通过比较守约和违约的不同收益来决定各自的策略选择，那么，如果将法律关于违约的追责机制引入专款专用税制度之政府和纳税人的博弈中，对政府不遵从其允诺的税收用途的违约行为赋予法律责任从而降低其违约收益，继而使政府失去违约激励；同时，我们还应注意国家和纳税人在税法中对特定税款用途进行约定的专款专用税契约在信息经济学的视角下是一种不完备契约。所谓完备契约，是指能够以书面或其他能够有效识别的形式，将“所有未来可能状态以及每种状态下的各方权利义务明确规定下来”的契约。① 而不完备契约只能确立大致的行动框架，很难像狭义契约那样详细规定各方的权利

① 参见张维迎：《信息、信任与法律》，生活·读书·新知三联书店2003年版，第110~112页。

义务。因此,如何能够有效地将法律追责机制引入专款专用税的履行中,约束专款专用税的征税主体,使之最大限度地根据约定用途有效使用税收收入,成为通过专款专用税实现公众(纳税人)参与国家财政投入监督的法治进路的关键问题。

确立违背专款专用承诺的法律追责机制是实现公众(纳税人)参与国家财政投入监督的一个框架性思路。在制度设计中,把公众(纳税人)基于信赖专款专用承诺而失去的可得收益确定为守约利益,具体可分解为返还利益和期待利益。通过责任构成要件的安排使违约收益与征税人主体相分离,要么返还给纳税人,要么强迫违诺主体特定履行其承诺的专门用途,由此建立专款专用税纳税人的守约利益保护机制,以在填补纳税人守约利益损失的同时,为政府的违约行为设立一个净收益为负值的新价格,激励其放弃违约策略,将选择稳定在"遵守专款专用"承诺的行动路径上。

返还利益和期待利益源于民法上的合同利益。① 首先,返还利益意指纳税人基于对政府之专款专用允诺的信赖,向政府支付了税款价值,政府未履行其允诺,擅自改变税款专门用途,司法机关可以迫使政府相关部门交出其从纳税人处接受的价值。返还利益的目的是阻止违约之允诺人从守诺人——纳税人支付的税款中获益,用于追逐其部门利益,更简单地说,即防止政府部门的不当得利。其次,期待利益适用于"不去固守受诺人的信赖或允诺人的得利,我们可以寻求给予受诺人由允诺形成之期待的价值,我们可以在一个特定履行诉讼中实际强迫被告向原告提供允诺了的履行,或者在一个损害赔偿诉讼中,我们可以使被告支付这

① 参见[美]L. L. 富勒、小威廉·R. 帕杜:《合同损害赔偿中的信赖利益》,韩世远译,中国法制出版社2004年版,第5页。

种履行的金钱价值"。[①] 期待利益追求的目标是使纳税人恢复到政府部门履行了其税款专用的允诺后其所应该拥有的处境。

1. 专款专用税中纳税人守约利益保护的归责原则

在专款专用税契约关系中，对政府主体违约责任的归责原则，直接决定违约损失在政府和纳税人之间的合理分配，由于政府违约的主观状态是难以观察和核实的，因此，应该采取特殊的过错推定原则——"不可推倒的过错推定原则"。该原则具体含义如下：政府部门改变专款专用税法制定阶段专用承诺的行为导致纳税人信赖利益不能落实，发生损害事实，纳税人由于无法得到充分信息证明政府改变承诺是否具有主观过错，只有政府部门自己对之拥有充分信息，于是，从政府违反专用承诺发生损害事实本身出发，如果没有重大的情势变更或者不可抗力等法定抗辩事由，即可推定政府部门改变承诺的行为主观上是有过错的。对专款专用税归责原则的确定，也强加给了政府部门一个抗辩说明义务，即当其改变承诺用途的税款后，为了避免被追责，其必须向纳税人告知是否发生了法定的"推倒"事由，从而更加强化了纳税人参与国家财政投入监督的权利。

为厘清此归责原则，必须分层次回答两个问题：一是为什么不在该领域实行无过错原则，而选择过错推定原则？二是为什么不选择一般的过错推定原则，而选择特殊的过错推定原则？

首先，对相关政府部门采过错推定而弃无过错责任，是由两者不同的功能决定的。无过错责任的主要功能在于"对不幸损害之合理分配，是伴随高风险社会活动增多建立起来的，并通过保险制

① ［美］L. L. 富勒、小威廉·R. 帕杜：《合同损害赔偿中的信赖利益》，韩世远译，中国法制出版社2004年版，第6页。

度的普及实现损害分配的社会化，实系对受害人提供损害赔偿的制度支持”。[1] 而专款专用中纳税人守约利益保护归责的目的并不是分散风险，也不会有保险制度支持，其宗旨主要是试图通过将政府部门与其违反专用承诺所致的收益相分离，使违反专用承诺成为成本大于收益的不可欲策略，从而稳定纳税人的信赖预期。所以，在专款专用税领域确定归责原则时，并不是采取对政府的主观状态完全不管不问的无过错责任；相反，还要对主体过错推定附加相应的约束条件。

其次，这里的免责不同于一般的过错推定免责，即只在政府部门对其违诺改变税款专门用途行为提出反证之前推定其有过错，只要政府部门能够证明已尽到注意义务、行动时没有受到部门私利的影响就可推翻过错推定；相反，这一免责对政府部门的说明抗辩空间作出了严格的界定和压缩，并非只要尽到注意义务就可以阻却责任的追究，政府必须证明违诺改变税款专门用途是因为难以抗拒的情势变更，例如，2008 年汶川地震和国际金融危机等重大突变满足“重大性”“不可抗性”要件，只有这些客观事实存在，才能证明违诺改变专用行为的正当性与合法性，推翻对其过错的推定。所以，适用专款专用税领域的纳税人守约利益保护的“不可推倒的过错推定原则”，既考虑纳税人信息费用约束，又要为政府部门必要时使用国家财政投入的决策调整的自由裁量权留出一定空间，同时较之一般的过错推定又对政府部门改变承诺用途加以更严格的谨慎义务。

---

① 王利明：《侵权行为法归责原则研究》，中国政法大学出版社 2003 年版，第 76 页。

2. 专款专用税纳税人守约利益保护的责任构成要件

衡量税法这一部门法是否成熟；是否能够成为不仅赋予征税人和纳税人相关义务的“征税技术”的制度，而且还应成为威慑国家财政投入使用主体的机会主义行为取向的法律制度；是否满足赫尔维茨所指的“可实施性”，责任构成要件是一个核心指标。只有确定了可现实操作的责任构成要件，司法人员才能以归责原则为轴心，实在地在纳税人和使用国家财政投入的主体之间重新配置权利义务，将既定的对使用国家财政投入主体违诺的法律责任追究从应然变为实然，从“死法”转变为卢埃林式的“活法”。①

在具体构建专款专用税纳税人守约利益保护的责任构成要件制度时，不仅应该汲取早已稳定成型的民法等传统部门法的责任构成要件模式和相关学理沉积，而且还应注意彰显税法所具有的现代性和社会性等特点。由于本书将专款专用税界定为政府和纳税人之间的直接税收契约，因此，以纳税人守约利益保护为切入点，借鉴合同法违约损害赔偿责任之损害事实、因果关系和免责事由三个构成要件，对于公众（纳税人）参与监督国家财政投入的制度建设会有相应的正面效应。

（1）专款专用税款使用主体的非正当性变更导致的损害事实

“无损害，无救济”的法律追逐机制的内在逻辑要求，纳税人守约利益保护机制的启动必须以守约利益丧失这一损害事实的存在为前提，并非所有的损害事实都可以作为责任构成要件，相反，必须满足条件，才具有成为构成要件的资格。

第一，纳税人守约利益损失与其纳税行为的不可分割性。如

① 参见张文显：《二十世纪西方法哲学思潮研究》，法律出版社 2006 年版，第 115 页。

果专款专用税的纳税义务人没有实际履行纳税义务，即使政府违反了其专用承诺，基于专款专用契约的守约利益损害也无从发生，无损害即无救济，守约利益保护缺乏明确的指向客体。因此，能够作为责任构成要件的损害事实必须与纳税人实际履行了其纳税义务的行为紧密联系，形成对应关系——损害必须是“有纳税义务而且已经实际履行了纳税义务，缴纳了相应税款”的纳税人遭受的不利益，这是专款专用税纳税人守约利益保护的目的使然。例如，上文中提及我国台湾地区对金融保险行业征收“营业税”时，行政管理部门承诺该税款专款拨供金融重建基金，作为处理问题金融机构之用。当我国台湾地区行政管理机构没有将其金融重建基金用于处理问题金融机构，而是用于改善自己办公条件，或用于其他部门利益时，已履行了营业税缴纳义务，而非一直逃避缴纳营业税款的金融机构有权就其守约利益损失提起诉讼。

第二，守约利益损害的确定性。守约利益损失必须是一个确定性概念，即已经发生，客观存在，而不是纯主观感觉或臆想以及能依据社会一般观念和公平意识予以认定。仍以上述我国台湾地区的金融保险行业“营业税”专款专用为例，只有当台湾地区行政管理机构确实将金融重建基金挪作他用，是一种已经发生的实然状态时，才能成为纳税人守约利益保护请求权的基础。曾经在部门内部会议中透露了拟改变承诺用途，但最终还是放弃了违背承诺的原初计划，那么，即使内部会议的内容已通过种种渠道为纳税人获知，但还是不能以原本可能发生的违诺行为将会给自己带来损害为由请求守约利益保护。日本的石油税专门用于国家和地方道路的建设，日本对汽油和柴油所收取的各种石油税收约80%用于道路的建设和维护保养，每个纳税人都明确知道各种石油税的用途。如果某些道路坑坑洼洼，没有达到正常车辆行驶的道路标准,就会被认定为有政府违约损害事实的存在。

(2)专款专用税款使用主体非正当性变更承诺与损害事实之间的因果关系

专款专用税领域的守约利益保护实行盖然性因果关系推定。由于在专款专用税的契约关系中,纳税人对政府使用税款信息的敏感程度、对税款信息的理解能力以及对相关信息获取的能力等都存在很大的差异,因此,如果套用传统的契约法对因果关系的认定方法,则大部分纳税人将由于无法达到法定的证明标准而被排除在守约利益的保护范围之外。因此,"因果关系存在与否,无须严格的科学检验,只要达到盖然性举证就够了",只要"如无该(违诺变更)行为,就不发生此(守约利益受损)结果",就可认为有因果关系。① 纳税人对因果关系的证明义务应该缩减为:第一,证明自身有损害事实;第二,证明如果不是政府部门改变承诺用途使用相应税款,自己应该获利的状态。如日本石油税纳税人可以以道路没有达到正常车辆行驶的道路标准为"果",推定政府相关部门非正当性变更了专用承诺的"因",从而起诉政府部门应当承担返还利益或特定履行期待利益的义务。这时,政府部门如要证明自己没有过错就必须举出反证,通过这种因果关系推定的倾斜性配置,纳税人和专款专用税款使用主体之间不对等的博弈地位得到了一定的矫正。

(3)免责事由

免责事由作为可抗辩追责,使政府改变承诺用途使用专款专用税款正当化的机制,必须具有足以抵销承诺改变的可追责性的

① 王利明:《侵权行为法归责原则研究》,中国政法大学出版社2003年版,第83页。

特点。由于政府违反专款专用税的承诺改变税款用途是政府不重视对纳税人的承诺、肆意作为的表现，因此，作为社会公共利益代表者、公共产品和服务的提供者，政府最应该树立民主守信的“善良管理人”的形象。

综合专款专用税契约的特殊性和一般免责事由“对等抵销”原则的要求，能够成为该领域政府免于承担违约责任的特殊情势，必须既能像一般契约那样抵销违约带来的财产损失，又要能够抵销影响深远的纳税人对政府使用税款信赖的损失，后者是更重要的方面。因此，只有发生了不可抗力、不采取偏离专用承诺策略就不足以保证国民经济正常运行的重大事件，其违约的抵销才能满足“对等性”要求。例如，在哥伦比亚覆盖范围最广泛的专款专用税——咖啡税中，在1978年前有33%的支出是用于对国内咖啡消费的补贴。但由于连续3年遭到其咖啡进口国的反补贴制裁，该国不得不于1983年改变了这33%的补贴用途，将其平均分配给了咖啡种植区的沟渠等基础建设投入和咖啡种植者的健康和教育等支出。在本案例中，哥伦比亚由于对咖啡税的专用性承诺违反了世界贸易组织关于反补贴的规定，该特殊因素对抵销原则“重大性”要件的满足足以抵销该国政府违反专用承诺的非正当性后果，因此属于免责事由。

第二节　财政投入使用过程监督及绩效评估中的公众参与

上述专款专用税制度因为其特有的直接税收契约的特性，成为平衡政府与纳税人之间利益的重要工具性制度。而针对那些无法设立专款专用税制度的一般性税款的支出，应该构建起一个既包括显示纳税人偏好的国家财政投入决策监督制度，又包括国家财政投入决策执行结果监督与国家财政投入信息反馈制度的完备监督系统，并且这一监督系统还应以实现绩效监督为其监督的最高目标。从法律地位上说，一般性税款支出的监督体系与专款专用税制度是相互平行、互为补充的，共同发挥平衡政府与公众（纳税人）之间利益的功能。

纳税人对国家财政投入决策和国家财政投入决策执行的监督原理本质上可采用序贯博弈方法进行分析。在序贯博弈中，国家财政投入决策及其执行分为以下四个阶段：第一阶段，公众（纳税人）通过其代议机关审批通过了政府的年度国家财政投入决策。第二阶段，政府执行国家财政投入决策，将税款用于某个特定的项目上。政府清楚税款使用的有效性，而纳税人却无法或需要高成本地得到这一财政投入使用信息。第三阶段，在年度预决算报告制度中，公众（纳税人）的代表——代议机关通过政府审计报告知晓了该笔财政投入的使用情况。第四阶段，公众（纳税人）根据政府上一年度的国家财政投入使用支出情况，通过其代议机关决定是否在本年度对政府的财政投入决策予以肯定性或否定性的审批。在上述第二阶段政府执行国家财政投入决策时，政府必然会将公众（纳税人）在第四阶段通过其代议机关对政府做出的肯定或否定性评价作为政府是否有效执行的重要因素。因此，虽然在这一阶段存在短暂的信息不对称，但在与第四阶段预期结果的博弈中，政府最终会优先选择严格执行财政投入决策。这一监督原理说明，国家财政投入决策与其执行是相互依存、相互作用、不可分割的循环过程，公众（纳税人）应对国家财政投入决策和国家财政投入决策执行两个过程进行连贯性的监督，任一阶段的监督缺失都会影响公众参与国家财政投入监督机制的有效实施。

一、完善国家财政投入决策监督制度

(一)提高人大对国家财政投入决策监督的有效性

1. 在组织机构方面,在人大内部成立监督国家财政投入决策的专门机构,并通过法律具体规定其监督权责。为了提高人大对国家财政投入决策监督的有效性,首先,应通过修改《宪法》,规定在人大内部设置专门机构,专司对国家财政投入资金使用的监督工作,包括对国家财政投入决策的监督、政府执行国家财政投入决策的监督等。其次,还应在《宪法》位阶下,起草并颁布一部专门规制国家财政投入决策监督的法律,如“预算监督法”,将原来分散规定于《预算法》《审计法》《会计法》等诸多法律中对国家财政投入决策进行监督的条款集中,形成我国对国家财政投入资金使用行为进行全面规制的基本规则。在该部法律中,应该将各种监督主体的权力进行原则性规定,如公众(纳税人)的监督权及其代表的监督权,还有作为监督有效手段的审计机关的监督权等,成为《宪法》之下的有关公众参与国家财政投入监督法律关系各方主体权力制衡的基本准则。其中,为了避免地方人大监督国家财政投入工作被干预,还应在该法中明确规定人大内部专司监督国家财政投入的机构实行垂直领导,机构设置、人员配置以及经费的拨付都由上级机关负责。该法还应就人大应有的对政府预算进行监督的范围、程序、内容以及相应的机构设置和人员等进行明确规定。

2. 完善国家财政投入资金使用责任制度。将现有的原则性责任规定细化,应对整个国家财政投入决策和执行国家财政投入决策过程中的各种行为明确权责,对可能的违规违法行为的标准、责任性质、责任大小、责任追究方式和处罚形式进行界定,使其具有可操作性。责任形式也不应仅限于行政责任,对于性质特别严重、危害特别重大的行为，应该追究刑事责任，从而对国家财政投入资金使用行为形成强有力的威慑。

（二）积极推进公众参与国家财政投入决策监督进程

1. 建立国家财政投入决策听证制度。如前所述，我国目前已有一些地方通过召开听证会、民主恳谈会来听取公众对国家财政投入决策的意见，这些是很好的吸引公众参与的试验，应在全国范围内，包括省级以上人民政府的财政投入决策上积极进行听证改革，扩大听证范围、规范应有程序、提高质量，让公众的意见得以表达，从而使财政投入决策更加符合纳税人的意愿。同时还应相应地出台相关法律、法规，对财政投入决策听证予以规范。

2. 在国家财政投入决策监督中引入专家机制。为了增强国家财政投入决策的科学性和有效性，应引入专家机制，如在人大内部成立国家财政投入决策审议专家咨询组织，吸收公众中精于法律、审计和财政的专业人士，让其成为人大审议国家财政投入决策时的智囊机构。另外，在政府编制国家财政投入决策方案时，也应引入专业团队，充分考察国家财政投入项目的必要性、结构性和绩效性等，以提高国家财政投入决策方案的科学性。

3. 加强重大国家财政投入事项决策与公众的互动。一是关乎民生的重大财政投入事项，如教育、医疗、养老等方面的财政投入事项，应依照法定程序向广大公众进行信息披露。二是重大国家财政投入决策改革时，应先通过召开听证会、恳谈会、专家咨询会等方式向广大公众征求意见。

4. 加大公开国家财政投入决策信息的力度。应定期在报纸、互联网等媒体上主动向公众公开有关国家财政投入决策和国家财政投入决策执行方面的信息，包括国家财政投入方面的政策法规，统计人大审批的预算、决算报告，以及经由审计机关做出的审计报告等。

二、改革国家财政投入的结果监督和信息反馈制度：审计制度

（一）国内外政府审计主要模式之比较

1. 国内外政府审计的主要模式

如前所述，政府审计的权力源于公众的委托，税收法制国家的产生和发展推动着政府审计法制的发展。目前各国所采用的政府审计模式可以分为四种：立法型政府审计模式、司法型政府审计模式、独立型政府审计模式和行政型政府审计模式。因为政府审计之受托经济责任的本质特征，立法型成为政府审计模式的主流，也有一些国家采取独立型和司法型的政府审计模式，只有极少数国家采用行政型政府审计模式。

(1) 立法型政府审计模式

立法型政府审计模式兴起于英国，后来在美国得以发展，并逐渐为大多数国家所采用，是最主流的政府审计模式。美国的政府审计模式是典型的立法型模式，下面将以美国政府审计为例进行分析，以期明确立法型政府审计模式所具有的特点：

①审计机关独立于总统和政府行政机构而隶属国会。首先，其组织机构隶属于立法机关。美国于1921年实行的《预算和审计法》规定，将原来隶属政府财政部门的审计机关分离出来，成立隶属国会并对其负责的审计总署，各州也比照联邦设置隶属于地方议会的审计局或审计长办公室，负责审计监督政府的财政收支情况。其次，其人事任免权归于立法机关。国会提名审计长人选，由总统任命，或者总统提出人选由国会确认。审计长任期为15年，除非审计长触犯法律，否则审计长不得被罢免。审计长触犯法律时，由国会对其提出指控并进行罢免。审计总署的人员独立于政府行政机关，由审计长自行任命。最后，审计总署的经费来自国

会,政府首脑不能进行干涉。

②审计机关只有审计调查权而没有对审计机构的处理权,它所作出的审计结论和审计建议不具有法律约束力,仅是国会进行相关处理时参照的依据。首先,审计总署的审计对象广泛,除涉及国家安全和总统个人事务外,审计总署有权对政府部门、各个机构以及国有资产经营等一切公共财政支出事项予以审计监督。其次,审计的目标不仅包括一般的财务合规性审计,还包括考察财政支出是否具有经济性和效率性的绩效审计。最后,审计总署不仅拥有对审计对象的检查和调查权,还拥有向有关政府部门提出建议和向立法机关进行报告的权力等。

③审计结果公开程度较高。审计总署每年向参众两院议长、国会专业委员会提交审计报告,并在必要时在参众两院举行的听证会上公开审计报告。听证会允许公众参加,允许媒体进行报道。"审计报告通过公开媒体公告,公众有权对审计报告进行索取和查阅,审计结果公告率高达97%。"①

(2)司法型政府审计模式

以日本为例,司法型政府审计模式具有以下特点:①它的最高审计机关——日本会计检察院依照宪法的规定设置,完全独立于政府和国会,不隶属任何机关,仅对宪法和法律负责,主要职责是对中央的财政收支情况和国有资产的经营情况进行审计,而前者是其最主要的职责。②审计经费由国家预算单项拨付,不受制于政府。③在审计过程中,会计检察院除了有权检查和要求政府机关提供资料等,最重要的是,它还享有处理权:如当其在审计中发

① 周媛:《我国审计结果公告制度研究》,西南财经大学2007年硕士学位论文,第14页。

现政府存在违法使用国家财政投入资金或不当使用国家财政投入资金的行为时，有权向主管领导或有关人员提出处理意见和改正建议；对政府工作人员的失职行为或重大过失行为，给国家造成损失的，有权要求上级机关或其他监督者给予惩罚或处分；有权确定有关人员的赔偿责任并责令其赔偿；有权将有关人员的犯罪行为报告检察机关。

(3)独立型政府审计模式

独立型政府审计模式是指审计机关既不隶属立法机关，也不隶属司法机关和行政机关，而作为一个完全独立的机构行使审计监督职能。德国是实行独立型政府审计模式的国家，其最高审计机关——联邦审计院会向议会和政府提交审计报告，主要是为了辅助政府进行经济决策。联邦审计院有调查、检查、建议和报告权，但没有处理权。联邦审计院除向议会和政府提交审计报告外，它还同时应召开新闻发布会，向全社会公众公布审计报告。

(4)行政型政府审计模式

行政型政府审计模式的核心特点在于审计监督隶属政府，无论是机构、人员还是经费都无法独立于政府，具有强烈的政府内部财务检查的特点。正因为受制于政府，审计机关很难真正向社会公众全面、无保留地公开审计结果，所以该审计模式无法体现审计的受托经济责任的本质特征。目前在世界范围内，我国和泰国等国家采取此种模式进行政府审计。

2. 主要审计模式的比较

首先，从审计机关的独立性来看，立法型、司法型和独立型政府审计模式都是独立于政府系统之外，不受制于政府，能够独立公正地行使审计监督职能。行政型政府审计模式本质上是将审计机关作为政府职能部门进行设置的，对政府依赖性较强，这直接影响了审计机关职能的发挥。

其次，从报告权的角度来看，立法型、司法型和独立型政府审计模式下的审计机关都有权以各种形式的报告将审计结果直接传递给立法机关和政府。而行政型政府审计模式下的审计机关，通常是先将审计报告交与政府，再由政府交与立法机关。在此转移提交的过程中，政府容易出于私利对审计报告的内容进行选择性提交，极大削弱了审计报告的全面性、真实性和重要性。

再次，从审计结果公开披露的角度来看，美国等国家的审计结果几乎完全是公开的：一方面，这种全面公开审计结果的做法使政府的不当、低效甚至违法使用国家财政投入资金行为无处藏身，只能赤裸裸地接受纳税人的审视和监督；另一方面，这种全面公开审计结果的做法也让政府在使用国家财政投入资金的时候有所顾忌，使政府在使用国家财政投入资金时更加谨慎。这一点充分体现了政府审计的信息反馈功能和监督功能。

最后，从建议权的角度来看，立法型政府审计模式下的审计更能体现其受托经济责任的本质特征，其不仅能够从维护公众利益的角度，通过绩效审计对政府使用国家财政投入资金行为提出建设性意见，从而引导立法机关在进行国家财政投入决策时更多地以公众利益作为考虑的核心要素，同时也能对使用国家财政投入资金的主体产生有效约束。司法型和独立型政府审计模式下的审计机关也会进行绩效审计，但只有审计机关的独立性被保障，其才能为绩效审计提供必要条件。

（二）我国改革政府审计的理想选择模式——立法型政府审计模式

通过以上对世界主要政府审计模式的比较和分析，可以得出这样的结论：立法型政府审计模式无论是在保持审计机关独立性、审计结果公开性方面，还是健全审计机关的建议权和保障立法机关的权威性等方面都具有明显优势，对于我国的政府审计体制改革具有较大的参考价值。

1. 立法型政府审计有助于保持审计机关的独立性

独立性是政府审计发挥其应有的监督约束职能的本质要求。在我国，由于审计机关实质上是政府的职能部门，其组织机构、人员和经费依赖于政府，其在监督和约束政府使用国家财政投入资金时，难以做到公正、客观和独立。

将审计机关归属于人大，使审计机关在机构、人事和经费等方面完全脱离政府，实现其从外部对政府进行监督和约束，以消弭现有审计体制下的行政干预，还独立性于审计机关，充分保障审计机关实现监督的客观公正性。从组织机构上，审计机关隶属人大，以公众监督权之名义，依法行使审计权力，从而发挥审计监督在使用国家财政投入资金领域预防和纠错的重要作用。

2. 立法型政府审计有助于提高审计结果披露的公开性

审计机关脱离政府行政干预、隶属人大以后，审计结果将不再通过政府交与人大，而是由审计机关直接交与人大，为人大进行有效的预算监督提供强有力的数据支撑。另外，审计机关从行政序列中分离出来，审计结果的公告权力便不再受制于政府。因此，审计机关可以加大审计结果的公开力度，将审计机关的监督变成公众的监督，从而加强政府审计对政府使用国家财政投入资金行为规范性的威慑力。

3. 立法型政府审计有助于健全审计机关的建议权

与司法型政府审计模式中审计机关具有一定司法权力，可以对相关违法审计对象进行一定的司法处理相比较，立法型政府审计的主要职能是辅助立法机关对政府机关进行监督，审计机关不直接干预政府行政机关的使用国家财政投入资金行为，而是通过绩效审计独立公正地对政府使用国家财政投入资金的效率提出评价，向政府提供建议，促进政府更合理、更高效使用国家财政投入资金。同时，审计机关将绩效审计结果提交立法机关，直接影响每年立法机关审批政府的国家财政投入决策，从而进一步提升政府使用国家财政投入资金的效率。

4. 立法型政府审计有助于保障公共财政体制下立法机关对政府使用国家财政投入资金的监督

公共财政是由税收主导的财政，政府对税款的征收和使用都应该接受纳税人监督。人大代表全体纳税人——公众的意志对政府使用国家财政投入资金进行监督，人大作为权力机关，政府是它的执行机关，因此，政府有义务接受人大的监督。而人大为了有效发挥其监督职能，也必须拥有有力的监督手段作为辅助，这当然需要审计机关的配合和大力参与。然而，现实中由于审计机关隶属政府，人大缺乏监督政府使用国家财政投入资金的手段和能力，难以切实有效地发挥其应有的监督和约束政府使用国家财政投入资金的职能。立法型政府审计模式将审计机关归属于人大，加强人大对审计机关在监督政府使用国家财政投入资金方面的指导，这将从根本上改变现在人大在监督政府使用国家财政投入资金方面的被动状态，更为充分地体现我国人民民主国家的性质，符合社会主义民主政治的要求。

(三)我国构建立法型政府审计模式的进路

立法型政府审计模式虽然是我国改革政府审计体制的最终理想选择，但就目前而言，将我国的行政型政府审计模式一步到位地改变为立法型政府审计模式，将会面临来自政府方面的强大压力。从我国政治改革的历史经验和逻辑看，无论什么改革都应当采取渐进性的节奏，保持传统与革新、保守与现代之间的平衡，不可能一蹴而就，我国审计体制的改革之路也不能例外。按照长期渐进性的要求，将学者杨肃昌所提出的“双轨制”政府审计模式作为一种政府审计的过渡性模式，再根据社会政治经济的发展，不断推进立法型政府审计模式改革，不失为一条构建我国立法型政府审计模式的可选进路。

1. “双轨制”政府审计模式的含义

所谓“双轨制”政府审计模式，是指在人大和政府序列中分别建立审计机关，它们分别履行不同的审计职责：隶属人大的审计机关主要负责对政府的执行国家财政投入决策情况进行审计监督；隶属政府的审计机关主要负责对政府内部进行审计监督。“在‘双轨制’体制下，全国人大所属的审计组织是最高审计机关，而国务院所属的审计组织仍然保持其现有的‘内部审计’性质，与‘审计署’一样，是政府内部的一个专司监督工作的职能部门。”①

“双轨制”是我国渐进地对政府审计体制进行改革，并最终实现立法型政府审计模式的重要步骤，它既部分地解决了现有对政府执行国家财政投入决策情况进行审计监督的问题，最大限度地保持了政府审计应有的独立性，同时它并没有对现行审计体制进行激进式改革，保留了现有审计机关的经济监督职能，减少了改革的阻力。

2. 从“双轨制”到“立法型”政府审计模式的改革思路

（1）在现有体制下加强人大对政府执行国家财政投入决策情况的审计监督

《各级人民代表大会常务委员会监督法》第 19 条规定：“常务

① 杨肃昌：《中国国家审计：问题与改革》，中国财政经济出版社 2004 年版，第 247 页。

委员会每年审查和批准决算的同时，听取和审议本级人民政府提出的审计机关关于上一年度预算执行和其他财政收支的审计工作报告。”第20条第1款规定：“常务委员会组成人员对国民经济和社会发展计划执行情况报告、预算执行情况报告和审计工作报告的审议意见交由本级人民政府研究处理。人民政府应当将研究处理情况向常务委员会提出书面报告。常务委员会认为必要时，可以对审计工作报告作出决议；本级人民政府应当在决议规定的期限内，将执行决议的情况向常务委员会报告。”上述规定标志着人大开始加强对政府执行国家财政投入决策情况的审计监督。但在很长一段时间内，人大还应继续加强审计监督，尽可能地在现有体制下充分利用审计手段。

(2)加强人大与政府审计监督的结合，逐步实现“双轨制”政府审计模式

①加强人大与审计机关的工作联系，形成监督政府执行国家财政投入决策情况的合力

人大财经部门应加强与政府审计机关的工作联系：一方面，政府审计机关应将其在审计监督中掌握的政府相关部门在执行国家财政投入决策中的情况和线索主动向人大提供。人大财经部门应将这些信息及时地向人大代表和常务委员会提供，以便他们在审议国家财政投入决策议题时予以参考，提出有针对性的审议意见。另一方面，人大财经部门也应将自身掌握的信息与政府审计部门进行交流，以保持双方在监督政府执行国家财政投入决策情况方面的信息畅通。

②在人大内部为实现“双轨制”进行人员和技术方面的储备

在人大与政府审计监督就政府执行国家财政投入决策方面加强合作形成监督合力的同时，人大还应在财经部门或预算工委之下，增加预算和审计方面的专业人才储备，适时成立审计小组。人

大所设置的审计小组的职责：负责人大与政府审计机关之间的工作联系；参与监督政府审计机关对政府执行国家财政投入决策的审计工作，发现问题后直接汇报给人大相关部门；对政府审计机关提交的审计报告进行评估等。

③通过修改《宪法》等法律，在人大内部设立预算审计机构

上述人大内部的审计小组经过一段时间的工作磨合，逐渐肩负起代表全体纳税人对政府执行国家财政投入决策情况进行审计监督的职责，并被政府和纳税人接受。当时机成熟时，应通过修改《宪法》、《审计法》和《各级人民代表大会常务委员会监督法》等法律，明确规定："在全国人大设立审计组织，它是全国最高审计机关……而审计署仍然隶属国务院，是政府内部的最高经济监督部门。"①至此，"双轨制"政府审计模式初步形成。

(3)在人大系统内重构新的审计机关，最终完成立法型政府审计模式的改革

在顺利完成了"双轨制"政府审计模式的改革后，再逐渐将现有的政府内部审计机关的审计工作体系和职能并入人大系统中，最终实现在人大这一立法机关中重构对政府国家财政投入进行审计监督的体系。需要说明的是，这一立法型政府审计模式的最终确立，仍需要通过修改《宪法》等法律才能完成。

三、构建国家财政投入绩效监督制度

对于一般性税款使用的监督在完善了国家财政投入决策监督制度和国家财政投入执行结果监督制度，使其能够较为有效地实

① 杨肃昌、肖泽忠：《"双轨制"审计体制新论：改革的实施和理论辨析》，载《审计与经济研究》2007年第1期。

现纳税人对政府使用国家财政投入资金是否合法和合规方面的监督以后,应该逐渐提高公众参与监督政府使用国家财政投入资金的标准,将原有的合法、合规性监督提升为绩效性监督,更好地促进政府经济、有效地使用税款,达到帕累托最优。

公众参与国家财政投入绩效监督是以财政投入决策以及决策执行过程的公开透明为前提,以提高财政投入资金的使用效率以及保证财政投入决策得以实现为最终目的,而对政府使用财政投入资金的具体使用行为进行的效果测评。国家治理现代化不仅关注治理程序和形式的多元,还高度关注治理的效能和结果。具体到公众参与国家财政投入监督,不但要体现在国家财政投入决策阶段和决策执行阶段,还必然涵盖财政投入决策结果的绩效评价阶段。

(一)国家财政投入绩效监督的基本理论

美国是世界上最早对财政投入进行绩效评价的国家。部分学者认为,20 世纪初美国纽约市研究局所倡导的以成本核算为主要特征的预算改革,是财政投入绩效监督的起源。[①] 有学者却认为,财政投入绩效监督的起源,应是 20 世纪 40 年代末美国胡佛委员会提出的“预算绩效”概念以及美国的绩效预算制度。[②] 虽然学者们对于财政投入绩效监督的具体起源时间的认识有差异,但学者们都认同财政投入绩效监督是财政投入监督制度中不可或缺的部分。而公众参与财政投入绩效监督则是“与财政投入评价共同构成政府财政投入绩效监督改革的两条路径,成为促进政府行为

---

① 参见游祥斌:《绩效预算与绩效评价制度刍议》,载《中国行政管理》2009 年第 8 期。

② 参见蔡红英:《政府绩效评估与绩效预算》,载《中南财经政法大学学报》2007 年第 2 期。

合理性的重要制度安排”。①

1. 从“控制监督”到“绩效监督”

传统的以控制为重点的财政投入监督是以在不同类别的开支上分配资源为导向的,而绩效监督则侧重于以公共产品和服务的最终结果来分配财政投入资金。绩效监督一般强调两个关键要素:(1)产出和政府机构产出需要的投入之间的关系;(2)财政投入资金的分配与公共消费者喜好的公共产品和服务成果的关系。

2. 企业家政府理论

财政投入绩效监督制度摒弃了官僚制管理模式,该理论认为占据了国家财政投入资源,以垄断的方式和官僚等级制的程序规则来提供公共产品和公共服务的政府机构,必须借用私营企业的管理理论、管理模式和管理方法,增加政府降低成本和提高公共服务效率的内在动力,最终达到提高政府工作效率和公共管理水平的目的。

曾有学者将企业家政府的特征概括如下:第一,认可市场运行机制对资源配置的作用,不轻易进行行政干预;第二,应以纳税人的需求为政府服务的目标;第三,控制投入、提高产出效率等。这些特征也勾勒出了企业家政府的核心价值——政府要以社会公共利益为导向,高效率地提供有效公共产品和服务,而实现这一核心价值的关键恰恰在于建立科学的政府绩效评价机制。②

(二)财政投入绩效监督与公众参与监督之间的关系

对政府使用财政投入资金的效果进行度量,应当以财政投入

---

① 王自亮、陈卫锋:《参与式预算与基层权力关系的重构——基于浙江省温岭市新河镇的个案研究》,载《地方财政研究》2014 年第 14 期。

② 参见[美]戴维·奥斯本、彼德·普拉斯特里克:《摒弃官僚制:政府再造的五项战略》,谭功荣、刘震译,中国人民大学出版社 2001 年版,第 198 页。

使用的合规性、有效性、效率性以及公平性为标准，既包括财政投入使用单位内部的自我评估，也包括外部的监督式评估。前者主要是财政投入使用单位或部门对其自身整体绩效以及工作人员的个人绩效进行的考核；后者强调公众对财政投入决策执行结果以及财政投入资金使用效率的满意度评价，关注财政投入绩效目标的实现。① 公众对财政投入决策执行的效果是否满意，已经成为考量财政投入绩效水平的基本依据。现代社会的国家财政投入属于公共事务，公众必须对财政投入运行予以全过程、全方位的监督参与，这也是国家治理现代化的必然要求。② 因此，公众参与监督和财政投入绩效评价具有天然的关联性。国家财政投入绩效监督中要引入公众评价机制，督促财政投入使用单位和部门将注意力从内部自我评价转向公众满意度调查，这样方能使财政投入使用单位和部门在财政投入绩效评价以及整个财政投入运行过程中听取公众的相关意见和建议。在理念上，为了更加完整地体现国家财政投入监督的民主性，财政投入绩效评价应以客观公正的绩效评价体系代替原有的政府行政内部的业绩考核；③在制度建设上，要在提高政府财政投入决策和决策执行阶段的完整性和透明度的基础上，建立政府财政投入使用绩效评价制度。④ 在健全有效的反馈和补救机制下，通过公众参与财政投入绩效评价，进一步对财政投

---

① 参见朱立言、张强：《美国政府绩效评估的历史演变》，载《湘潭大学学报(哲学社会科学版)》2005 年第 1 期。

② 参见刘有宝：《政府部门预算管理》，中国财政经济出版社 2006 年版，第 369 ~ 376 页。

③ 参见余小平、孔志峰：《在我国实行绩效预算的设想》，载《财政研究》2004 年第 2 期。

④ 参见王志扬：《绩效预算有效实施的制度建设简析》，载《财政研究》2011 年第 6 期。

入资金使用单位和部门的绩效进行对比和分析，从而实现财政投入决策的目的，最终实现财政投入的有效使用并提高政府行政的水平。①

（三）我国建立财政支出绩效监督法律制度面临的问题和一些设想

目前中国正处于全方位的经济转型期，加上应对金融危机的压力和考验，如何摒除“唯 GDP 论”的“数字经济”，发展讲质量和效益的“健康经济”；各级和各部门政府机构如何不再只顾及经济发展的单一指标，而是以民生为重，将纳税人满意作为其重要参照系，真正实现“服务型政府”的目标；如何改变由于缺乏效率观念导致政府行为普遍重视过程而轻视结果，致使公共管理领域的投入和产出严重失衡的状况，达致高效率公共管理的目标，都将成为当下我国公共财政改革，特别是财政支出绩效监督改革首先要考虑的问题。

另外，我国财政支出的管理实质还是“控制预算”的管理模式，普遍存在“使用它或失去它”的现象，甚至还经常出现年底有些政府机构突击消费的怪象。因此，对于财政支出管理而言，将提高政府项目的有效性和政府的公共责任感、帮助政府机构改善公共产品的供给，以及提高政府行政效率和绩效视为己任，不失为一条财政投入绩效监督改革的可行路径。

目前我国财政支出绩效监督立法存在以下问题：

一是法律效力等级不高，缺乏有体系的专门针对财政支出绩效监督的立法，各地各部门“各自为政”地对其财政支出作出绩效

① 参见蒋文龙、聂辛东：《论我国公共预算中公众参与程序的制度缺陷及其完善》，载《湖南科技大学学报（社会科学版）》2014 年第 3 期。

监督的规定,相互之间缺乏协调。目前《预算法》和《会计法》等法律只能作为财政支出绩效监督的配套法律,针对财政支出的监督本身,我国并没有一个完整系统的法律,更多是以部门规章的形式对部门开展财政支出监督的工作给予规范和保障,如从2004年起,财政部相继出台了《中央经济建设部门部门预算绩效考评管理办法(试行)》(已失效)、《中央部门预算支出绩效考评管理办法(试行)》(已失效)等财政支出绩效管理法律制度;一些地方政府,如广东省于2004年制定了《广东省财政支出绩效评价试行方案》、2006年广州市财政局制定了《广州市政府部门财政支出绩效评价办法(试行)》、2006年江苏省财政厅制定了《江苏省财政支出绩效评价办法(试行)》等。这些法律规范性文件,容易对财政支出绩效管理的持续性、权威性和强制性产生负面影响,从而影响绩效评估的广度、深度和力度。

二是从公众参与绩效监督的角度而言,目前我国实践中的公众参与财政投入监督大多集中在财政投入决策的编制、审批、执行阶段,鲜有直接涉足执行结果绩效评价阶段,或者仅仅在人大预算监督中偶有涉及绩效评价。

三是缺乏对绩效监督法律责任的规定,从而导致法律威慑力的缺失。

为了有效解决财政支出的使用效率和绩效问题,提高公共产品和服务的质量,最大限度地将绩效监督落到实处,我国财政支出绩效监督法律制度应作如下调整:

第一,逐步调整现行法律的“控制预算”导向,转向“绩效预算”。我国现行的财政支出管理虽然倡导“绩效管理”,但实质还停留在控制式监督的状态,因为它只是有关部门对相关政府机构资源分配使用情况的监督和考评,未从根本上改变“以投入为导向”的监督体系产生的错误激励结构。我国应该通过立法改革，将绩效预算的“目标一致”、“量化指标”和“激励机制”充分体现在财政支出绩效监督的法律规定中，切实完成向“绩效监督”的转变。

第二，建立专门的、法律效力等级较高的财政支出绩效监督法律制度。必须充分认识到完善财政支出绩效监督法律制度的重要性：财政支出绩效监督法律制度的完备与否从某种程度上决定着我国新一轮公共财政改革的成败，对财政支出绩效监督法律制度进行完善是协调政府的机构目标和高效率行政目标的基本保证。另外，财政支出绩效监督法律制度也是我国治理现代化确定的目标。

第三，确定政府机构在财政支出绩效监督中的职责。应该改变现有制度中缺乏对政府机构向人大和国务院提交远期绩效规划、年度绩效计划和年度绩效考评报告等相关问题规定的状况，要求政府机构先行对其机构目标进行预设，并根据不同政府机构的特点设置绩效考评指标，然后再对其实际产生的结果进行评价，从而充分调动政府机构的积极性，赋予他们首尾一致的公共责任感。

第四，确定对财政支出绩效监督的法律责任。为了加强财政支出绩效监督的强制性，既可以对没有完成预设绩效目标的机构采取扣减来年财政投入拨款等财政手段予以惩戒，同时还可以通过《财政违法行为处罚处分条例》等行政处分规定加大对相关行政管理人员的惩戒力度。

第五章　公众参与国家财政投入监督运行的司法保障机制

公众参与国家财政投入的前期决策，其意见的表达直接反映为财政投入方案的编制、修改与审批程序。而公众参与财政投入使用的过程中监督和事后的绩效监督，其监督权的表达则体现为一种财政投入问责机制。一般认为，公众对国家财政投入监督的问责主要通过两种方式实现：其一，广义的公众参与概念下包含通过人大机关实现的问责，此类问责主要基于人大对财政投入的审批与监督权力而行使；其二，狭义的公众监督问责则是公众基于政府财政投入信息公开，在国家机关以外作出的监督问责行为。

后一种公众问责机制可以简单总结为："政府财政投入信息公开——公众/媒体质询、

质疑、问责——政府作出回应”。在这一机制中,信息公开成为问责的必备前提。完整的国家财政投入信息公开不应仅理解为静态地公开相关文件,而应该理解为包含在整个财政投入决策、执行、调整、审计和绩效考察过程中的动态公开。① 当政府未完全履行其信息公开职责,或在公众问责后,政府的回应并未实质性解决相关争议,司法就被认为有必要在此时介入,来最终确保公众参与国家财政投入监督权的真正实现。

本章内容主要探讨公众参与国家财政投入监督出现上述两种困境下的司法保障机制。具体而言,我们将详细分析政府财政投入信息公开的可诉性以及财政投入行为本身的可诉性。

第一节 信息公开:公众参与国家财政投入监督的前提

一、国家财政投入信息公开的理论内涵

(一)国家财政投入信息公开应以全面公开为原则

国家财政投入的公共财政职能导向是国家治理体系与治理能力现代化的基本内容与重要保障。在公共财政理念下,政府由财政投入的管理者转变为财政投入活动中被监督的主要对象;与此同时,公众也被要求在财政投入全过程中广泛地参与监督。信息的获取是监督的前提,对于狭义上的公众监督参与尤其如此。我国《预算法》第14条规定,政府财政投入除了“涉及国家秘密”的,应该全面公开。只有建立了完善的信息公开制度,才能切实推动

① 参见陈治:《国家治理现代化视野下的纳税人预算参与权构建研究》,商务印书馆2022年版,第190页。

公众对国家财政投入的监督参与，进一步保障国家财政投入的公正及效率。因此，可以说“公开是实现公共治理的必备要素”。[①]

（二）国家财政投入信息公开应是全方位的信息公开

对于涉及一般性公共利益的事项，政府部门负有主动进行信息公开的义务；也有部分的信息公开是政府基于公众申请而进行的，这要求该信息与申请主体具有一定指向性的利益关联。信息公开绝不仅仅是对财政投入方案、调整方案、审计结果和绩效考核结果等文件的静态主动公开，也应当尽可能地在各单位使用财政的各个环节确保能够做到动态的被动公开，并且尽可能增加主动信息公开的内容、方式和深度。不同于“申请”—“公开”模式下要求申请主体必须具有相关利益的要件，“公开”—“质疑”—“再公开”的信息公开动态循环则显然更有助于提高一般信息公开的深度与质量，但在一定程度上也体现了初次信息公开的缺陷。动态的全方位信息公开是信息全面公开原则的本质体现，也是真正保障公众知情权和监督参与权的制度基础。

（三）国家财政投入信息公开应是实质性的信息公开

本书第二章总结了我国公众参与国家财政投入监督的诸多实践案例。在基层财政投入的相关案例中，公众通过民主恳谈会、财政投入听证会和公开征求意见等诸多方式或多或少地直接参与了政府财政投入的决策过程。又因为相关财政的使用多与基层公众的切身利益息息相关，或者就是涉及公众日常生活的事务与建设，公众对于财政投入的执行情况和投入效果能够较为容易地了解与掌握。但在更高层级财政投入的公众参与实践中，决策本身的专

① [美]斯底格利茨：《自由、知情权和公共话语——透明化在公共生活中的作用》，宋华琳译，载《环球法律评论》2002 年第 3 期。

业性、复杂性与保障公众参与之间的矛盾就会越发明显。政府不但要协调好财政投入民主与决策效率之间的关系,在公众实质性参与程度减弱的同时,更需要优化财政投入公开的水平。这不仅涉及公开的程度与方式,还需要在财政投入内容更加复杂的情况下,帮助公众真正了解相关的公开内容。政府财政投入的信息公开应当是实质性的公开,而非仅限于形式上的公开,信息公开工作要同时弥补专业上的知识鸿沟。

二、国家财政投入信息公开的实践考察

信息公开是公众参与国家财政投入与运行监督的基础,然而,普通公众并不会因为政府预算信息的公开而自然而然地实现对政府预算行为的有效监督。① 公众参与财政投入与运行监督的积极性偏低,虽然这可能是由公民本身主观能动性与社会责任感欠缺造成的,但也不能排除信息公开本身存在质量问题这一因素。信息公开是否全面?信息公开的动态反馈机制是否有效?公开的信息是否能为公众简单理解?这些都是影响公众参与财政投入监督的重要的实质性因素。公众对财政投入信息的回应与他们的利益、愿望、资源、认知能力和社会背景分不开。因此,我们首先总结了全国各地在预算信息公开方面的一些有益经验,以供借鉴。

(一)建立财政投入信息公开场所,方便公众集中获取信息

1. 焦作市的财政投入信息服务大厅。焦作市在2000年就建立了涉及所有行政审批、财政预算、政府采购、产权交易、公物拍卖、会计委派等公共财政事务的财政投入信息服务大厅,并通过电子

---

① 参见朱芳芳:《基于治理的地方预算改革——河南省焦作市的经验》,载《经济社会体制比较》2014年第5期。

屏、触摸屏和文本资料等方式向公众提供自由查看部门预算等财政投入信息的渠道。①

2. 上海市的村务公开栏。上海市在基层财政投入的公众参与实践中，除纳入“菜单—点菜”模式外，还普遍注意完善相应的项目公开制度，建立特定的信息公开场所，对项目进展开展实时信息披露，以便民众和人大代表更全面地参与财政投入的具体执行监督。例如，永乐村建立的村务公开栏，其在 2007 年 2 月张贴的《实事工程建设情况》中，就公开了村宅白色道路建设 140 万元的具体财政投入内容、项目开工日期和完工日期等。②

3. 淮南市的专题网页公开。淮南市通过在其财政局网站上设立参与式财政投入监督专题的方式，将公众参与的具体流程、项目详情等向公众广泛公开。③ 这一专题网页既是该市公众参与财政投入监督改革开展的主要平台，也是相关财政投入信息公开的主要方式。

（二）建立移动财政投入信息公开平台，方便公众随时查询信息

河南省焦作市的财政投入信息除在财政投入信息服务大厅进行集中公开外，还通过焦作市财政投入信息网公开有关财政投入的资料和工资情况，通过焦作市电视台等新闻媒体设立专题栏目，在人民广场、火车站、行政服务窗口等人群集散地方设置电子屏

---

① 参见张瑜、秦亚洲、哲生：《阳光财政的“焦作模式”》，载《浙江人大》2009 年第 9 期。

② 参见周扬：《上海基层的财政预算民主化试验“点菜”》，载《21 世纪经济报道》2007 年 7 月 20 日，第 1 版。

③ 参见何亮：《淮南市本级财政参与式预算的改革研究》，安徽大学经济学院 2015 年硕士学位论文，第 32 页。

幕,开展“公共财政与百姓生活”等动态报道。①

(三)创建“财经沙盘”系统,优化公众对财政投入信息的了解

焦作市的“财经沙盘”是一套新型的财政综合管理与决策支持系统,是焦作市财政投入信息化建设成果的集成与核心应用,构建了焦作市财政数据总库、数据仓库、指标体系,通过数据仓库、数据挖掘、地理信息、统计分析、决策支持等 IT 技术,以各种形式展现焦作市财经全貌,并辅助领导层观察思考、研究决策。② 财经沙盘对内是一个数据化、信息化的财政管理系统,对外则体现为一个开放性、智能化的财政投入信息公开平台,其不仅对公众开放了原始数据和信息,还有助于百姓读懂相关信息的内容,有效提高了信息公开的质量,实现了财政业务、改革与信息技术的有机融合,使财政投入决策、执行、监督、评价信息共享成为可能。③

(四)探索信息公开的制度化建设,落实全面信息公开

焦作市为了将公众对财政投入的监督和信息公开作为制度固定下来,先后出台了《焦作市财政资金管理办法》《焦作市财政资金监督管理办法》等文件,完成了该市财政投入信息公开的制度化、法治化建设。④ 焦作市的财政投入信息公开制度建设成果主要体现在三个方面:一是实现了政府财政投入内容的体系化全面公开。二是引入“信息公开、部门申报、财政汇审、民意测评、专家论证、社

① 参见张瑜、秦亚洲、哲生:《阳光财政的“焦作模式”》,载《浙江人大》2009 年第 9 期。

② 参见朱芳芳:《基于治理的地方预算改革——河南省焦作市的经验》,载《经济社会体制比较》2014 年第 5 期。

③ 参见朱芳芳:《基于治理的地方预算改革——河南省焦作市的经验》,载《经济社会体制比较》2014 年第 5 期。

④ 参见张瑜、秦亚洲、哲生:《阳光财政的“焦作模式”》,载《浙江人大》2009 年第 9 期。

会听证、人大审查、审计监督”八步公开流程，完善“财政预算信息、重要项目情况、政府官员薪酬、民主决策程序、权力监督制度”五项公开内容，实现了政府财政投入的全过程公开。三是自2007年起，借助自主研制开发的财政投入信息数据应用平台“财经沙盘”，面向社会公众实时、动态、准确地公开财政投入信息，自觉主动接受社会公众随时随地的监督检查并在线互动，同时借助“电子网络、新闻媒体、社会公众场所、财政服务大厅、政务公开栏”五项运作载体，确保了公众可以获得95%以上的政府财政投入信息。①

三、国家财政投入信息公开的司法救济

信息公开本身并不属于直接的财政投入问责制度，但却是一般公众参与国家财政投入监督的前提。与具有法定监督权的各国家机关相比，社会公众获取政府财政投入决策、执行情况、投入绩效等财政监督信息的主要方式源于2014年修改《预算法》时所确立的国家财政投入全面信息公开制度。因此，确保公众能够切实参与财政投入运行监督的前提即是落实全面的信息公开，以及当信息公开不足、缺失或虚假时，给予公众对财政投入决策与执行单位相关行为的诉讼救济权利。

2008年5月1日实施的《政府信息公开条例》第33条规定：“公民、法人或者其他组织认为行政机关不依法履行政府信息公开义务的，可以向上级行政机关、监察机关或者政府信息公开工作主管部门举报。收到举报的机关应当予以调查处理。公民、法人或者其他组织认为行政机关在政府信息公开工作中的具体行政行为

① 参见朱芳芳：《基于治理的地方预算改革——河南省焦作市的经验》，载《经济社会体制比较》2014年第5期。

侵犯其合法权益的，可以依法申请行政复议或者提起行政诉讼。”这一条款采用两款规定集中明确了公民、法人或者其他组织对于政府信息公开的监督权行使问题。与第1款相比，该条第2款明确赋予了公民、法人或者其他组织行政复议权和行政诉讼权。但需注意的是，第2款同时又明确限制了只能在具体行政行为即具体信息公开行为中存在侵害当事人个人隐私、商业秘密等情形或在当事人申请信息公开而未满足，致其合法权益受损时，才可申请行政复议或提起行政诉讼。对于政府信息公开工作中争议最大的信息公开不作为行为的监督，只在第1款中规定了公民、法人或者其他组织享有举报权，这极大限制了公众对政府信息公开的监督力度。

2019年修订后的《政府信息公开条例》将原本的第33条细化为两个条款，分别规定在第47条第2款和第51条中。第47条第2款将政府信息公开的不作为行为进一步细分为政府负有主动公开义务和政府依申请需要公开两类。针对第二类信息公开的行政不作为行为，该条规定公民、法人或者其他组织可向政府信息公开工作主管部门提出。修改后的《政府信息公开条例》在第51条中扩展了信息公开瑕疵的可诉性，明确规定：“公民、法人或者其他组织认为行政机关在政府信息公开工作中侵犯其合法权益的，可以向上一级行政机关或者政府信息公开工作主管部门投诉、举报，也可以依法申请行政复议或者提起行政诉讼。”本条将原第33条第2款规定的可诉对象从“具体信息公开工作瑕疵”扩展为“所有信息公开工作中侵害公众权益的行为”，扩展后的可诉对象既包含了旧法条的诉讼范围，又全面囊括了因政府信息公开不作为而造成损害时，当事人诉请政府信息公开的诉讼救济权。基于《政府信息公开条例》第51条，公民、法人或者其他组织针对依申请需要进行信息公开的行政不作为行为提起诉讼，能够较为容易地证明当事人本身之诉的利益，也即构成了本条中所称的“侵犯其合法权益”。对于依职权需要信息公开而又存在行政不作为瑕疵的，公民、法人或者其他组织在提起信息公开诉讼时，是否能够证明其自身合法权益受到侵害，需要认真考察。

另需注意的问题是，若上级行政机关、检察机关等收到当事人就政府信息公开不作为行为的举报后，依旧不予处理、不予答复，当事人能否基于《政府信息公开条例》第 51 条的规定将上级行政机关、检察机关等列为共同被告呢？根据最高人民法院《关于适用〈中华人民共和国行政诉讼法〉的解释》第 1 条第 2 款第 8 项的规定，“上级行政机关基于内部层级监督关系对下级行政机关作出的听取报告、执法检查、督促履责等行为”，不属于人民法院行政诉讼的受案范围。因此，针对此类行政机关内部层级监督问题提起的行政诉讼，法院不予受理。当事人应直接起诉负有信息公开义务的政府部门，但基于《政府信息公开条例》第 47 条第 2 款的规定而诉请政府信息公开工作主管部门进行信息公开的应不在上述排除之列。

事实上，在对近年来涉及财政投入信息公开的案件进行一个粗略统计后，我们发现，相关诉讼在司法实践中并不少见。若以“预算”“财政预算”“预算决算”等模糊词语结合“政府信息公开”交叉作为关键词，在中国裁判文书网（https://wenshu.court.gov.cn/）中进行检索，再将案件裁判时间限定在 2015 年 1 月 1 日至 2022 年 1 月 1 日，收集到符合标准的案例共有 2962 件。

第二节　公众参与国家财政投入问责的司法路径

公众对国家财政投入的问责主要通过两个路径完成：其一，就广义的公众参与而言，可以利用人大对国家财政投入执行过程中的监督权和对执行绩效的审批权，促进政府依法、合理使用财政资金；其二，在狭义的公众参与概念下，公众对国家财政投入的问责主要是基于财政投入信息公开而展开的司法救济。我国在 21 世纪初曾发生过一起较为著名的“纳税人诉讼”案件——蒋时林诉常宁市财政局违法使用财政资金案（以下简称“蒋时林案”）。虽然最后法院驳回了蒋时林的诉讼请求，但该案在彼时依旧引发了对于国家财政投入行为可诉性的广泛研究与讨论。

一、“蒋时林案”一石激起千层浪

湖南省常德市爷塘村村民委员会主任蒋时林在 2006 年 1 月 18 日从一位县人大代表处听说常宁市财政局在 2005 年“违法购买了两辆小轿车”。其于 2006 年 1 月 28 日以特快专递的方式向常宁市财政局邮寄《关于要求常宁市财政局对违法购车进行答复的申请》，明确指出财政局的湘 D72783 号别克牌轿车和湘 D72583 号蒙迪欧牌轿车为违法违规使用财政资金购得，希望财政局对该违法行为予以处理并给予答复。2006 年 2 月 16 日，时任常宁市财政局党组成员、纪检组长雷柏生带队赴蒋时林家，对他的申请意见当面进行了答复。然而，蒋时林认为财政局的回复并未承认申请材料中所提行为的违法性，也未予以纠正或处理，仅是一种辩解性沟通，遂于当年 4 月 3 日，依据《宪法》第 2 条、《财政违法行为处罚处分条例》第2条和《行政诉讼法》的相关规定，将财政局状告至人民法院。

蒋时林诉称，被告作为国家财政管理机关，没有合法合规使用纳税人缴纳的国家财政资金，违反了《预算法》《政府采购法》《财政违法行为处罚处分条例》等法律法规，侵害了国家预算管理制度，损害了一般纳税人的合法权益。诉请人民法院判决：(1)确定被告拒不履行处理单位违法购车和给原告答复的法定职责行为违法；(2)确认被告在2005年两次超政府预算、超政府小轿车编制购车的行为违法；(3)依法将违法购置的轿车收归国库，维护财政“管家”的职责。① 常宁市人民法院立案庭经审查于2006年4月10日作出行政裁定书，并送达蒋时林，裁定书认为：“起诉人蒋时林所诉事项不属于人民法院行政诉讼受案范围，不符合起诉条件，故法院不予受理。”

“蒋时林案”开启“民告官”之先河，一石激起千层浪。但正如法院裁定书所述，本案的症结还在于政府的财政行为是否具有行政法上的可诉性，以及蒋时林作为一般纳税人是否具有相关诉讼的原告资格问题。此外，时任常宁市财政局局长周年贵在接受媒体采访时也对这次诉讼经历表达了自己的困惑，质疑在取消农业税后，作为一名普通农民的蒋时林是否具备纳税人资格。周年贵质疑的本质在于对政府财政违法行为提起行政诉讼的原告资格是否可以从纳税人扩展到一般的本地居民。公共财政理念的形成不仅是基于财政资金的获取主要来自纳税人的税款，还在于国家财政的投入目的与投入实践都旨在服务全体社会之公众。我国《宪

① 参见徐阳光：《纳税人诉讼的另类视角——兼评蒋时林诉常宁市财政局违法购车案》，载《涉外税务》2006年第8期。

法》第 41 条规定："中华人民共和国公民对于任何国家机关和国家工作人员，有提出批评和建议的权利；对于任何国家机关和国家工作人员的违法失职行为，有向有关国家机关提出申诉、控告或者检举的权利……"因此，将此类案件中关于"纳税人"相关权利的探讨扩张至一般"公民"身份，具有一定的法理基础和现实意义。对此问题，我们在后文介绍日本相关诉讼制度时还将详细予以讨论。

蒋时林的这次"民告官"行为，虽然并未被法院受理，但时任常宁市财政局局长周年贵事后再次亲赴蒋时林家，对蒋时林在申请书和起诉书中所提到的相关问题进行了详细的解释，也承认在相关经费的使用上存在"名义上长期超编和实际上短期超编现象"和"小轿车支出费用大"的问题，这次解释获得了蒋时林的理解。① 事实上，蒋时林对常宁市财政局相关款项支出的质疑也源于政府财政使用本身的不公开，不透明的财政管理必将产生"瓜田李下"的猜疑。一次"不成功"的行政诉讼，却受到了全国各界的广泛关注，涉案当事人常宁市财政局也在事后通过各种途径对相关财政使用行为作出了详细解释，并以此为鉴完善了财政使用与信息公开工作制度。由此也可看出，若能明确政府财政违法行为的可诉性，不管其诉讼主体为何，对于提高国家财政投入的透明度与绩效都会起到显著的促进作用。

二、公众参与国家财政投入监督司法救济的比较法考察

从"蒋时林案"开始，我国法学界就对财政违法行为司法问责制度的构建开启了广泛的探讨，从早期探讨建立独立的纳税人诉讼制度，一直延续到后期聚焦在行政公益诉讼扩大适用于财税领域的解

① 参见龙行才等：《被纳税人告状，财政局长上门送"说法"》，载《新华每日电讯》2006 年 4 月 12 日，第 4 版。

释上。著名经济学家约瑟夫·熊彼特曾经指出："一个民族的精神风貌、文明程度、社会结构，以及政策可能酿成的行为方式，所有这些甚至更多，都记录在它的财政史上。"①由于各国财政体制的差异，其对于财政投入违法行为的司法问责模式——财税公益诉讼制度，也展现出不同的样态。但是，"他山之石，可以攻玉"，对于这些比较法上的经验，虽然我们无法直接照搬，但本书在此对其进行的详细分类解析，亦能对我国相关立法工作及司法实践的完善有所裨益。

（一）纳税人诉讼制度的源起：英国衡平法上的禁止令诉讼

纳税人诉讼，是指以纳税人身份对政府的违法公共支出行为等向法院提起的诉讼。纳税人诉讼的起诉人并非为自身直接利益而诉，其诉讼对象——政府的财政投入违法行为所涉及的是所有纳税人的共同利益以及一般公众的普遍社会公共利益。因此，纳税人诉讼较传统强调"诉之利益"与"当事人适格理论"的行政诉讼制度不同，其本质为一种行政公益诉讼。因此，我们研究如何实现公众对国家财政投入运行的司法监督这一问题，并非一定需要赋予纳税人直接的诉权，而是应更广义地探讨纳税人或者说一般公众如何参与针对财税行政违法行为的行政公益诉讼。

围绕这一问题，比较法在实施上存在三种公众参与的主要方式：一是传统的纳税人公益诉讼。二是构筑以纳税人团体为诉讼主体的财税行政公益诉讼。三是我们国家采用的检察公益诉讼以及公众参与实践。

1. 英国纳税人诉讼制度

纳税人诉讼制度肇始于英国，其衡平法上的禁止令诉讼制度

---

① 参见[美]保罗·萨缪尔森、威廉·诺德豪斯：《经济学》，萧琛等译，华夏出版社1999年版，第224页。

是其前身。禁止令亦称为制止令(writ of injunction),最早是经由大法官法院发出的以制止私人和私团体违法行为的命令。因为英国公法与私法之间划分并不严格,因此,它后来被发展为公法救济的手段,以干预公共组织的越权作为。① 英国的纳税人诉讼制度经历了较长的发展历程,直到1853年《地方自治法》(Municipal Corporation's Act,MCA)颁布后纳税人诉讼制度才得以正式确立。《地方自治法》规定,如果地方自治组织的公务人员有违法支出公共资金的行为,纳税人可以其违背信托义务为理由,诉请衡平法上的救济。②《地方自治法》还同时规定:"当公共行为出现不当的时候,私人没有对此提起诉讼的资格,只有法务官员才能代表民众对此起诉……"③因此,英国形成了以总检察长为原告的纳税人诉讼制度,④即当纳税人发现当地政府在使用国家财政投入资金过程中可能存在违法或不当行为时,可以向总检察长"检举"或"告发",提请总检察长对此进行司法审查。当然,总检察长也可以主动依职权对行政行为进行司法审查。

1977年Gouriet v. Union of Post Office Works⑤ 改变了纳税人个体必须通过总检察长才能提请纳税人之诉的原则。该案认为,如果确有充足理由质疑政府部门存在违反法律、侵害社会公共利益

---

① 参见[英]威廉·韦德:《行政法》,徐炳等译,中国大百科全书出版社1997年版,第257页。

② 参见陈晴:《纳税人诉讼制度的域外考察及其借鉴》,载《法学评论》2009年第2期。

③ [意]莫诺·卡佩莱蒂:《福利国家与接近正义》,刘俊祥等译,法律出版社2000年版,第83页。

④ 参见颜运秋:《公益诉讼理念研究》,中国检察出版社2002年版,第136页。

⑤ Gouriet v. Union of Post Office Works(1978)AC435.转引自沈达明:《比较民事诉讼法初论》,中信出版社1991年版,第159页。

的行为，当总检察长拒绝或故意拖延以自己名义进行起诉时，所有权利受到损害的个体都可以自己的名义提请司法复审。[①]

2. 英国纳税人诉讼制度的特点

英国的纳税人诉讼制度是以总检察长为核心展开的，总检察长即可依职权主动对政府不当或违法使用国家财政投入资金的行为提请司法审查，又可依纳税人个体的申请"出借"自己的名义启动司法审查程序。当总检察长拒绝或不配合纳税人个体诉讼时，纳税人方能在司法复审阶段不再借用总检察长的名义，而凭借案件对其形成"足够的利益"为理由，自由地提起纳税人之诉。一般而言，法院总会倾向于对"足够的利益"做出较为宽泛的解释，恰如"每个有责任感的公民都有权利确保法律得到实施，而这本身就是他为确保法律得以实施在要求法院颁布调卷令和训令时的充分的利益"。[②]

时至今日，法官不再过多地纠结于原告的资格问题，而只需对原告诉请的行政行为是否真的违法进行考虑。因此，纳税人可以充分利用这种诉讼来保障其参与国家财政投入监督权利的实现。

（二）纳税人诉讼制度的发展：美国的理论与实践

1. 美国的纳税人诉讼制度

在美国，纳税人诉讼最早的判例是 1852 年伊利诺伊州的 Colton v. Hanchett。[③] 在该案中，原告 Colton 所在的 Ogle 县向桥梁所有者 Hanchett 支付了 1000 美元，作为使用该桥梁 20 年的费用。

---

① 参见王太高：《论行政公益诉讼》，载《法学研究》2002 年第 5 期。

② ［英］丹宁：《法律的训诫》，杨百揆等译，法律出版社 1999 年版，第 135 页。

③ 参见［日］田中英夫、竹内昭夫：《私人在法实现中的作用》，李薇译，载梁慧星主编：《民商法论丛》第 10 卷，法律出版社 1998 年版，第 457 页。

Colton 以该县纳税人的身份诉请法院颁发禁止令，初审法院对其诉讼请求不予支持。原告又上诉至伊利诺伊州高等法院，上诉法院认为，纳税人以诉讼的方式对县财政资金的使用进行监督是极为可取的方式，应该鼓励，故做出裁定，发回重审。后来还有一系列相关判例，其中被视为纳税人诉讼重要转折点的是 Place v. Provindence，[①]此判例对诉讼参与人的身份进行了明确的规定，即无论是纳税人个体，还是以英国式的总检察长的名义，纳税人都有权提请法院对其参与监督国家财政投入的权利进行司法救济。

美国纳税人诉讼制度在建立初期，严格要求纳税人在提起诉讼的时候必须提交提请司法审查的使用国家财政投入资金行为违法以及客观做出损害的证据，但其后各州的司法判例对此做出了较为宽松的解释，即只要原告能证明政府违法使用国家财政投入资金行为确使其遭受经济上的不利即具备了诉讼资格。后来，随着各州司法判决中持肯定立场的比例不断增加，纳税人诉讼在美国各州得到越发广泛的承认。例如，1872 年纽约州通过立法认可了纳税人对州级别的地方自治组织提起诉讼的权利，[②]1975 年纽约州更通过立法建立专项基金，专为胜诉的纳税人诉讼提供律师费用。[③] 在加利福尼亚州，纳税人对地方政府使用支出税款的有效性提起诉讼的权利首先于 1858 年由加利福尼亚州最高法院予以确认，然后该权利又在 1909 年通过加利福尼亚州民事诉讼立法予以

---

① 参见[日]田中英夫、竹内昭夫：《私人在法实现中的作用》，李薇译，载梁慧星主编：《民商法论丛》第 10 卷，法律出版社 1998 年版，第 457 页。

② N. Y. Sess Laws 1872, Ch. 161.

③ N. Y. State Finance Laws, Ch. 123(1975).

进一步确认。①

美国联邦纳税人诉讼也经历了从严格到宽松的发展历程。最初,联邦法院对纳税人诉讼持比各州法院更严格的态度。在1923年的 Frothinghan v. Mellon 中,联邦纳税人 Frothinghan 认为,联邦政府依据《联邦母子法》对各州予以补贴的行为违法了宪法,增加了联邦纳税人的税赋,因此,以具体负责支出该笔补贴的 Mellon 为被告,诉请联邦法院阻止其支出行为。联邦法院认为,提出违宪之诉的原告必须证明自己的利益确实受到特别损害,而不能仅仅是同其他人一样只是可能遭受不确定性损害,因此,驳回了原告的诉讼请求。由此可见,联邦法院在该案中对纳税人诉讼采取了较为严苛的标准。直到1968年的 Flast v. Cohen 后,联邦法院才逐渐确立了对纳税人诉讼的较为宽松的态度。在该案中,原告 Flast 等7名联邦纳税人认为,联邦政府根据《联邦初中等教育法》的规定,支出联邦公共资金为有宗教背景的学校购置教材等学习用具的行为违反了宪法有关政教分离的规定,使纳税人因宗教目的而增加了税收负担,因此,诉请法院对该项公共资金支出行为作出禁止性裁定。联邦法院认为,纳税人有资格对联邦政府的违法使用国家财政投入资金行为提起诉讼,并以此确立了放宽纳税人诉讼资格的 Flast 原则:一是原告必须证明其所诉请审查的制定法与其纳税人身份之间存在关联关系,即必须符合《联邦宪法》第8章第1条所

① Cal. Civil Procedure Law,526a(1909),该法条规定:“纳税人诉讼为旨在获得一项阻止或限制对州、市、县、镇的不动产、资金或其他财产的任何非法支出、浪费和损害的判决的诉讼,任何一个在诉讼开始前一年有义务在该地缴纳税收并且已经实际履行纳税义务的自然人和法人对代表政府的任何官员、机构或其他主体都有权提起该项诉讼。根据本项所提起的禁止某项公共设施执行计划的诉讼优先于法院案件日程表上的其他民事案件,除非法律对某些民事案件的审理顺序的优位也作了同等的规定。”

规定的有权对联邦税收支出进行监督的纳税人条件。二是纳税人必须证明诉请审查的制定法确实损害了其利益。①

2. 美国纳税人诉讼制度的特点

美国的纳税人诉讼制度是建立在各州和联邦法院的判例之上的,它呈现一种逐渐开放和宽松的态势,具体而言,美国纳税人诉讼制度具有以下特点:

第一,在诉讼主体资格方面,美国纳税人诉讼制度从原有的严格限定转变为现在的较为宽松的态度——只要原告与诉请要求之间有逻辑关系且原告的利益确实受到损害,司法就对其进行救济。

第二,在受案范围方面,美国纳税人诉讼呈现自下而上、纵深发展的态势。美国的纳税人既可以对州及其以下的政府违法使用国家财政投入资金行为提起诉讼,又可以对联邦政府违法使用国家财政投入资金行为提起诉讼;既可以就政府违法使用国家财政投入资金行为寻求司法救济,又可以就不合理的财政政策寻求司法救济。②

(三)大陆法系国家的纳税人诉讼制度——以日本为例

在大陆法系国家中,德国行政诉讼的核心是个人利益保护,德国认为行政诉讼制度是为个人权利提供法律保护的制度,而不是

① 参见[日]藤仓皓一郎等主编:《英美判例百选》,段匡等译,北京大学出版社2005年版,第296~297页。

② 如发生于1971年的Serrano v. Priest, California Supreme Court(1971)。在该案中,原告Serrano控告加利福尼亚州在资助贫富学区的办法上存在问题。原告认为,教育作为基本利益,不受贫富状况的影响,州也不能以此来歧视学生。加利福尼亚州高等法院最终裁决原告胜诉,加利福尼亚州高等法院认为:"富人区可以为自己的孩子提供高质量的教育,但应该兼顾穷人区的孩子们。"法院最终决定,贫富区间每个学生的平均经费额差别不得多于100美元,不受财富多少的限制,而且规定议会在5年之内实现这一目标。这个判决使该地区的财政转移支付政策发生了改变。

由个人实现公共利益的工具。① 除特殊情况外，原则上不允许纳税人提起行政公益诉讼。虽然法国有越权之诉制度来实现行政公益诉讼，但与美国的纳税人诉讼制度的原告资格受限类似，法国的越权之诉制度要求原告必须为因相应行政行为受损的当事人之一。②

日本的纳税人行政诉讼可以分为两种形式：其一，当事人对行政机关行使公权力的活动不服而提起的控告诉讼。③ 控告诉讼是纳税人为自己利益，作为行政行为的当事人而提起的行政诉讼。其二，当事人就国家或公共权力机关违法行为提起的民众诉讼。民众诉讼一般涉及针对选举无效、地方居民对地方行政机关公务人员的财务会计中的违法行为提起的居民诉讼等。④

1. 日本居民诉讼制度的理论与实践

在日本，纳税人行使参与国家财政投入监督的权利的司法救济体现于居民诉讼制度上。居民诉讼是指居住于地方的居民，对与自己并无直接利益关系，完全出于公益目的而提起的请求公共机关纠正其不符合法律规定的行为的诉讼。⑤ 居民诉讼制度体现于日本现行《地方自治法》第 242 条的规定即辖区居民为了监督地方公共团体在财产管理和财务会计方面的运行情况，他们有权对地方公共团体在财产管理和财务会计方面的违法和不当行为，向监察委员会提出监察请求。如果监察委员会忽视辖区居民的请求，怠于监察，或者被监察的地方公共团体不遵从监察委员会做出

---

① 参见陈晴：《纳税人诉讼制度的域外考察及其借鉴》，载《法学评论》2009 年第 2 期。

② 参见施正文：《我国建立纳税人诉讼的几个问题》，载《中国法学》2006 年第 5 期。

③ 日本《裁判所法》第 3 条。

④ 参见胡云红：《比较法视野下的域外公益诉讼制度研究》，载《中国政法大学学报》2017 年第 4 期。

⑤ 参见杨建顺：《日本行政法通论》，中国法制出版社 1998 年版，第 760 页。

的纠正决定和劝告时，辖区居民还可以进一步提起诉讼，请求法院通过判决来纠正地方公共团体及其首长或者职员的违法财产管理行为。①《地方自治法》第242条是日本现行法律对居民监察请求权和居民诉讼制度的规定，该条规定中所提及的“地方公共团体”相当于我国的“地方政府机关和部门”。

依据该条规定，日本纳税人对违法使用国家财政投入资金行为进行了诉讼规制，如诉请对欠缺法令依据向议会议员支付退职纪念费案，②町长在位期间使用町费建立自己的胸像案，③欠缺条例根据对首长支付管理津贴案等，④最终都被法院认定为违法支出公款行为，判令返还或赔偿违法支出金额。例如，自20世纪90年代以来，日本辖区居民的诉讼请求中增加了“财务信息公开”的要求。辖区居民在诉讼请求中直接提出：要求县知事、市町村长公开他们的交际费的使用开支情况，其中大阪府知事交际费案和厉木县知事交际费案还上诉到了最高法院。⑤

---

① 参见杨建顺：《日本行政法通论》，中国法制出版社1998年版，第760～761页。

② 日本大阪地方法院1964年12月25日判决，日本大阪地方法院刑事判例集第15卷第12号第2299页。

③ 日本广岛地方法院1968年12月18日判决，日本广岛地方法院判例时报第560号第43页。

④ 日本最高法院1980年12月18日判决，日本最高法院判例时报第795号第33页。

⑤ 梁慧星：《开放纳税人诉讼，以私权制衡公权》，载《人民法院报》2001年4月13日，第3版。20世纪90年代中期，又发生了多起针对政府机关招待费和接待费的居民诉讼，如日本高知县律师以纳税人的身份，要求县政府公布其有关招待费的具体开支情况，包括具体开支的项目和宴请的人员名单等，但是县政府只同意公布招待费的总开支数额，因此，原告转而向法院提起了诉讼，请求法院依照《地方政府情报开示法》判决高知县政府公开有关开支的详细情况。原告在起诉书中陈述了其诉讼理由，他认为公务员的工资中已经涵盖了本人的生活费用，原则上公务员吃饭应当自己付钱，如果是必要的公务宴请必须公布被宴请客人的名单，以便让纳税人知晓，从而判断公款请客是否合理。最终，法院支持了原告的诉讼请求，判决称：由于有关公务员不愿意公布被宴请客人的名单，因此，这些费用在财务上不能报销，只能算是公务员自己请客，最后依据该判决从相关公务员处追回了4.5亿日元的税收金额。

2. 日本居民诉讼制度的特点

第一，在原告主体资格方面，日本居民诉讼制度规定只要是居住于该地方的居民，哪怕与自己并无直接利益关系都可以提起居民诉讼，这一规定甚至赋予了非日本国籍居民以诉讼主体资格。由此可见，相比较于美国的“需证明原告与诉求事由之间存在逻辑关系”的狭义纳税人的诉讼主体要求，日本居民诉讼制度在诉讼主体资格方面要宽松很多。

第二，在受案范围方面，日本居民诉讼制度的受案范围仅限于对地方公共团体违法或不当使用国家财政投入资金行为，而对于国家层面的使用国家财政投入资金行为以及抽象的法律制度不提供司法救济。与美国纳税人诉讼制度极为宽泛的受案范围相比，日本居民诉讼制度针对性更强。

第三，在诉讼程序方面，日本居民诉讼制度具有以下特色：一是设置了监察前置程序，即只有当监察委员会怠于监察或者被诉人不听从监察委员会做出的纠正决定和劝告时，辖区居民才有权进一步提起诉讼。先前没有提请监察委员会进行监察的辖区居民，虽然也有权参与诉讼，但不因此获得原告资格。① 二是设置了诉讼告知程序，即原告提起了居民诉讼后，应承担相应的诉讼告知义务。即通过各种形式告知相关利害关系人，使其得到参与诉讼的机会。如果相关利害关系人收到告知信息后，参与了诉讼，即为辅助参与人；如果没有参与诉讼，也不会影响法院判决对之应有的效力。

① 参见[日]田中英夫、竹内昭夫：《私人在法实现中的作用》，李薇译，载梁慧星主编：《民商法论丛》第10卷，法律出版社1998年版，第59页。

（四）澳大利亚的纳税人团体诉讼

澳大利亚司法实践中的公益诉讼主体限制较为宽松，这与其公益诉讼的核心目标在于竭尽全力为公共利益的维护提供空间和有效救济路径相关。澳大利亚联邦立法和各州立法所确立的行政公益诉讼主体主要包括三类：一是源于英国法传统的总检察长；二是具有诉之利益的私人个体；三是与公益事项具有密切关系的公益团体。

联邦《行政决定〈司法审查〉法》明确了总检察长的诉讼主体地位，总检察长的原告资格源于宪法所确定的其本身职权，适用于所有行政公益诉讼。在这三类诉讼主体中，个人与公益团体并不必然享有各类行政公益诉讼的主体资格，而需基于联邦法或州法的授权。1974 年联邦《贸易惯例法》规定了联邦贸易惯例委员会或任何其他个人可作为该法确认的侵犯公益行为之诉讼主体；1999 年联邦《环境保护和生物多样性保护法》第 487 条规定，有关环境公益的社会活动家和团体享有行政环境公益诉讼的原告资格，有权依法申请审查行政决定的命令；1979 年新南威尔士州《环境规划和评估法》第 123 条同样赋予了相关个人或社会团体以诉权。

世界上认可集团诉讼作为公益诉讼主要形式的立法例较多，而将集团公益诉讼扩展至行政诉讼的实践，澳大利亚可谓典型。在澳大利亚，并非所有的社会团体或公益团体都可以作为行政公益诉讼的原告，法律还要求其与公益事项之间存在某种特殊或特定的利益关系，同时要求利益团体充当公益诉讼的原告时，其在主体事项中的特殊利益要求较低。① 法院在确认利益团体的资格时，

① 参见朱应平：《澳大利亚行政公益诉讼原告资格探析》，载《行政法学研究》2012 年第 3 期。

主要考察以下几方面因素:(1)团体的代表性质;(2)其在某地区确定的利益;(3)其与政府之间的关系;(4)以往是否参加过相关程序;(5)是否有其他的可能申请人;(6)团体成员的利益;(7)问题的重要性。①

公益团体具备行政公益诉讼原告资格的立法授权主要存在于环境、规划和消费者保护等领域。而在财税领域,澳大利亚也在尝试将纳税人协会作为除总检察长以外的另一财税公益诉讼原告。成立于1919年的澳大利亚纳税人协会(Taxpayers Australia INC)被誉为“不只是会员的意见,而是大多数纳税人的意见,它是纳税人的喉舌”。②

三、我国公众参与国家财政投入监督司法救济的可行路径

总结比较法经验,财税行政公益诉讼大致可归纳为以下四种模式:其一,总检察官为原告,如英国和澳大利亚的基本行政公益诉讼制度;其二,有诉之利益的个人为原告,如美国的纳税人诉讼及澳大利亚的特殊个人行政公益诉讼;其三,日本的不强求原告具有诉之利益的本地居民诉讼;其四,如澳大利亚一般,可将与公共利益具有密切关系的社会团体作为原告的诉讼。

我国关于建立纳税人诉讼制度的探讨更多是在检察公益诉讼制度构建之前,重点围绕是否构建个体纳税人公益诉讼制度。在2017年《行政诉讼法》修改前后,又将财税公益诉讼作为与环境行政公益诉讼等并列的行政公益诉讼类型加以探讨,研究将公益

---

① 参见朱应平:《澳大利亚行政公益诉讼原告资格探析》,载《行政法学研究》2012年第3期。

② 王建平:《澳大利亚纳税人协会——纳税人的喉舌》,载《中国税务》2007年第6期。

诉讼从民事公益诉讼向纳税人公益诉讼扩展的可行性。2017 年修改后的《行政诉讼法》确立了我国的行政公益诉讼制度,因其诉讼主体为检察机关,故又称为检察公益诉讼。这次修法弥补了以往过度强调“诉之利益”与“当事人适格理论”而导致的对公共利益保护不足的制度欠缺。

我国的检察公益诉讼类似于英国的总检察长诉讼制度。就检察公益诉讼目前的立法和实践来看,其主要适用的对象仍然集中于《行政诉讼法》第 25 条第 4 款所明确列举的“生态环境和资源保护”、“食品药品安全”、“国有财产保护”与“国有土地使用权出让”,检察机关依旧缺乏对财政投入行为进行司法监督的意愿与路径。就此,围绕财税公益诉讼制度的改革又围绕以下问题展开:我国是否依旧存在构建纳税人个体诉讼制度的立法空间,我国行政公益诉讼能否像民事公益诉讼一样将原告范围扩展至部分适格的社会组织,以及我国的检察公益诉讼的适用对象是否能及于财税行政行为?

相较于检察公益诉讼,纳税人诉讼确实欠缺《宪法》及《预算法》上的依据。我国《宪法》第 41 条第 1 款明确规定了公民对政府行政行为的监督建议权:“中华人民共和国公民对于任何国家机关和国家工作人员,有提出批评和建议的权利;对于任何国家机关和国家工作人员的违法失职行为,有向有关国家机关提出申诉、控告或者检举的权利,但是不得捏造或者歪曲事实进行诬告陷害。”其中,对监督权实施的救济方式,《宪法》列举了申诉、控告和检举。《预算法》第 91 条第 1 款也遵循了《宪法》条文规定:“公民、法人或者其他组织发现有违反本法的行为,可以依法向有关国家机关进行检举、控告。”因此,前两个问题似乎因为欠缺宪法的支持而仍旧显得难以回答。故本书认为,我们现阶段更为实际的做法应该是通过法律解释的方法,将《行政诉讼法》第25条第4款列举的适用对象适度扩大,或可将财税公益诉讼解释为"国有财产保护"公益诉讼的一种,或可将"等"字扩大解释为包含所有检察机关可以通过检察建议监督的因行政机关违法行使职权或者不作为,致使国家利益或者社会公共利益受到侵害的情况。事实上,2017年《行政诉讼法》修改以来,涉及财税行政行为的检察公益诉讼案件确有发生(详见后文的相关实证研究结果)。由此,在本章探讨"公众参与国家财政投入运行司法监督"这一主题下,我们更应关注在检察公益诉讼制度下,如何实现和完善一般公众的参与。

第三节　我国财税行政公益诉讼的司法现状及公众参与

正如上节所述,要实现国家财政投入司法问责中的公众参与可以通过两种方式实现:其一,直接赋予公众(纳税人或一般公民)财税行政公益诉讼的原告资格,构建与美国纳税人诉讼制度或日本居民诉讼制度类似的制度;其二,在检察机关或第三方公益组织具有原告资格的前提下,构建公众在相关诉讼程序中的参与机制。具体到我国而言,要实现公众对国家财政投入司法问责的参与,就是要关注以检察机关为原告的行政公益诉讼中如何实现公众的监督参与。对此,我们首先需要考察《行政诉讼法》第25条第4款的行政公益诉讼可诉对象是否能够涵盖国家财政投入行为。在上一节规范分析的基础上,本节将进一步对行政公益诉讼涉及财税行为的案件进行全面的实证考察。检举、控告机制作为公众参与检察公益诉讼的主要方式,也是我国实现公众参与国家财政投入司法问责的最终落脚点。我们最后将对这一机制的实践现状、制度困境和改革动态予以简单考察。

一、我国财税行政公益诉讼的实证统计

为了考察我国行政公益诉讼在司法实践中是否适用于国家财政投入行为,以及其具体的司法实践现状,我们对 2017 ~ 2022 年财税领域的行政公益诉讼案件展开了实证研究。研究以"财政收入""财政支出""税收""土地使用权出让金""罚没收入""国有资产收益""财政补贴""政府采购"等模糊字眼,结合"公益诉讼"与"行政案件"交叉作为关键词,在中国裁判文书网中检索裁判时间为 2017 年 1 月 1 日至 2022 年 1 月 1 日的相关案件。经过人工甄别,共收集到符合研究标准的案例 462 件。将上述案例按照时间、地域、案件类型、审判层级和裁判结果进行差异化统计我们得出如图 5 - 1、图 5 - 2、图 5 - 3、图 5 - 4、图 5 - 5、图 5 - 6 所示的结果。

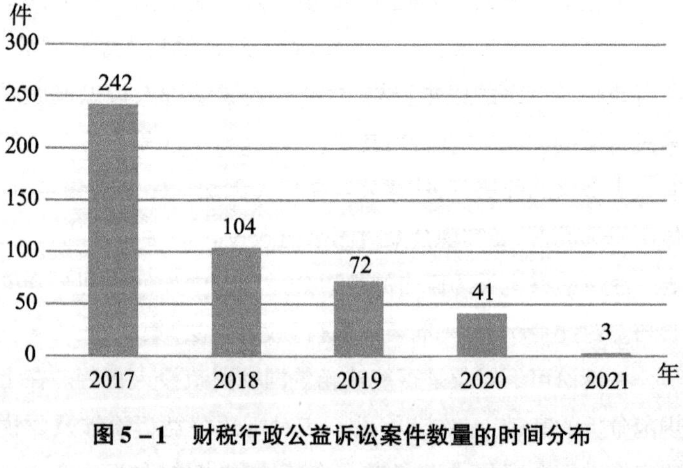

图 5 - 1　财税行政公益诉讼案件数量的时间分布

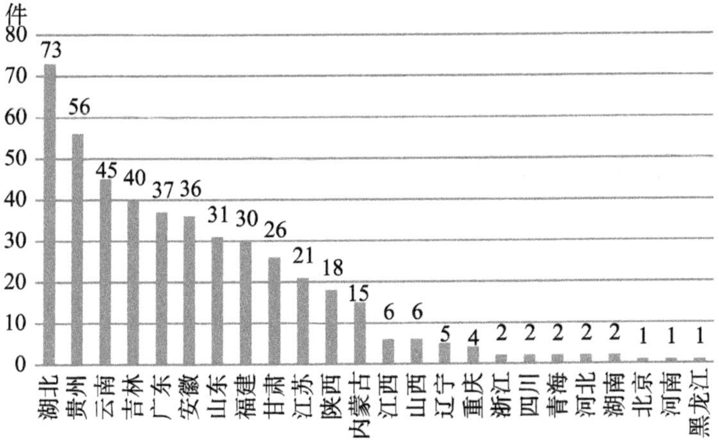

图 5－2　财税行政公益诉讼案件地域分布

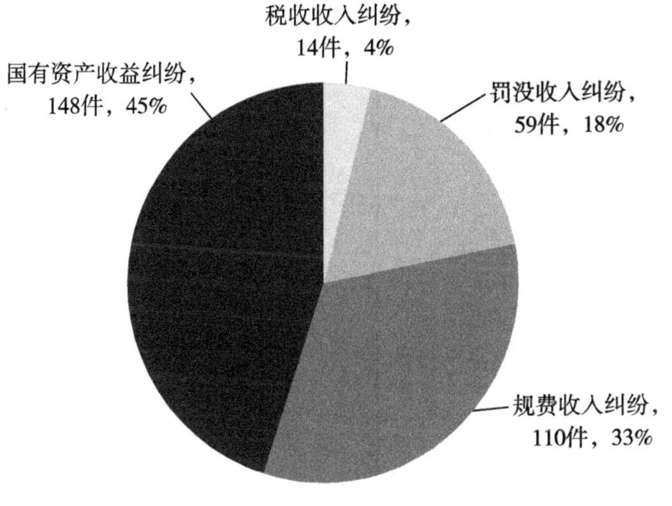

图 5－3　财税收入类案件类型分布

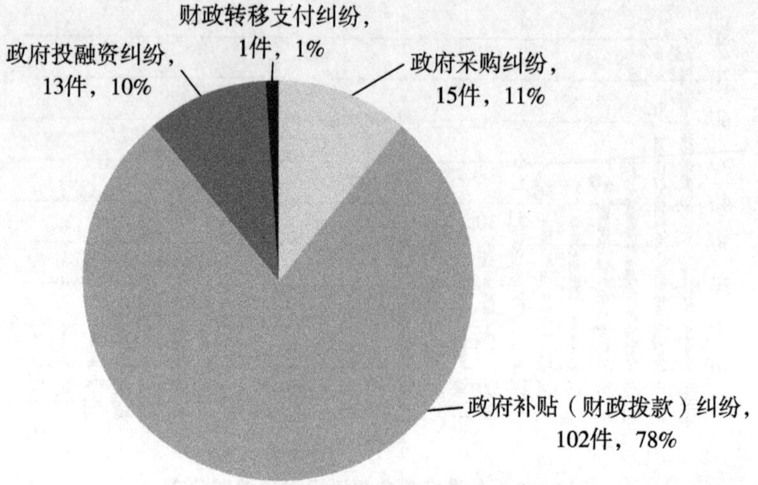

图 5-4　财税支出类案件类型分布

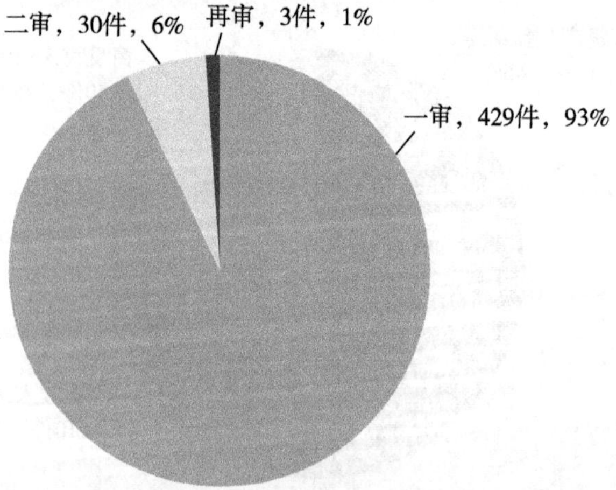

图 5-5　案件审级分布

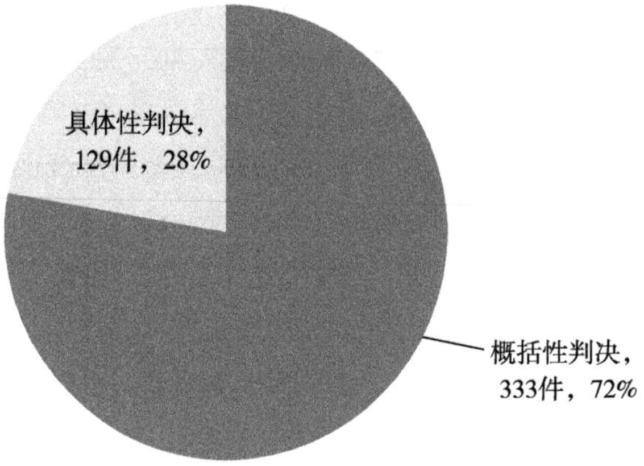

图 5－6　判决结果类型

1. 2017 年是近年来法院受理的财税行政公益诉讼案件最多的年份，此后案件数量逐年递减。究其原因，可能在于行政机关财政投入决策与执行等行为更加规范，也可能在于司法机关对于检察公益诉讼适用于财税公益诉讼的态度越发谨慎。

2. 按照省级行政区划对上述财税行政公益诉讼进行统计后发现，仅有 24 个省级行政区法院受理过财税行政公益诉讼案件。其中，受理数目最多的前 5 个省级行政区依次为湖北省（73 件）、贵州省（56 件）、云南省（45 件）、吉林省（40 件）、广东省（37 件），上海、新疆、广西等省级行政区未有案件，5 年内仅有一起案件的省级行政区有 3 个，仅有两起案件的省级行政区有 5 个。从全国范围看，各省级行政区财税行政公益诉讼案件的数量差异极大，其更深层的原因是部分地区行政机关财政投入决策与执行等行为本身规范合法，还是检察建议效果明显，抑或检察机关对于财政投入违法行为的监督动力不足，有待进一步考察和研究。

3. 从统计的财税行政公益诉讼案例中可以发现，财税收入类案件有 331 件，财税支出类案件有 131 件。财税收入类案件又集中体现在国有资产收益纠纷（45%）、规费收入纠纷（33%）、罚没收入纠纷（18%）和税收收入纠纷（4%）上。财税支出类案件集中体现在政府补贴（财政拨款）纠纷（78%）、政府采购纠纷（11%）、政府投融资纠纷（10%）和财政转移支付纠纷（1%）上。

4. 从审判层级来看，进入二审的案件占 6%，出现再审的比例仅为 1%，绝大多数纠纷都在一审程序中解决。

5. 为进一步了解法院的判决结果对行政机关的影响，我们又具体对收集的案例样本的判决结果进行分类。根据实际的判决结果主要分为概括性判决和具体性判决。概括性判决是指法院仅笼统裁判认定行政机关行为违法；具体性判决是指法院不仅裁判认定行政机关行为违法，而且在判决中明确了行政机关履行相关职责的时间、金额、方式等具体要素。这种分类的意义在于，了解财税领域行政公益诉讼案件中司法权对行政权干预的程度为何，以及是否达到有效干预。为了更为直观区分概括性判决和具体性判决，我们摘取了 5 件案件的部分判决结果，如表 5－1 所示。

表 5－1　判决结果分类

结果类型	案号	被诉行为	判决结果
概括性判决	（2018）辽 0603 行初 168 号	不履行法定职责	（1）确认被告丹东市国土资源局对丹东市俊达房地产开发有限公司不缴纳国有土地使用权出让金未依法履行收缴职责的行为违法。（2）被告丹东市国土资源局于判决生效后依法履行职责
	（2018）苏 1202 行初 155 号	不履行法定职责	确认被告泰州市姜堰区供销合作总社为第三人泰州市惠农农业生产资料有限公司申报、审查、审核新农村现代流通及供销合作发展引导资金的行为违法

续表

结果类型	案号	被诉行为	判决结果
具体性判决	(2018)甘7101行初125号	不履行法定职责	责令被告国家税务总局兰州市税务局履行法定职责,在本判决生效之日起90日内将第三人甘肃恒基房地产开发有限责任公司欠缴的1,440,651.69元营业税款追缴到位
	(2017)鲁0213行初33号	行政处罚行为违法	撤销被告青岛市环境保护局李沧分局对鲁B×××××在高污染黄标车提前淘汰补助资金申请表作出的审核
	(2017)闽0124行初6号	不履行国有资产保护法定职责	(1)确认被告闽清县农业局2013年审核发放的农产品产地初加工项目补助资金的行政行为违法;(2)被告闽清县农业局应于本判决生效后60日内履行追回被套取的补助资金,第三人闽清县财政局负督查职责

统计发现,样本中的概括性判决案件达333件(72%),具体性判决仅有129件(28%)。可见,多数案件的判决法院对行政权的干预只是一种原则性干预,对行政权的限制较小,仅有部分判决直接限定行政机关履行职责的具体行为要素,如条件、方式、期限等。具体性判决对行政权的干预程度较深,相应地,行政机关行使职权的空间也会更为狭窄。

上述实证研究的结果明确了我国司法实践中,确实将《行政诉讼法》第25条第4款的适用对象通过法律解释的路径扩大至国家财政投入领域。不过限于立法依旧没有对此加以明确,各地法院对相关案件的受理态度依旧存在明显差距。我国要最终确立以检察机关为原告的财税行政公益诉讼制度,依旧需要在司法与立法两个层面持续推动改革。

二、我国财税行政公益诉讼中的公众参与：检举与控告机制

检察行政公益诉讼在性质上属于司法监督，既避免了行政监督的内部制约困境，又解决了立法监督的非常态化问题，但检察院的主要工作重点依旧难以放在行政公益诉讼之上，如何提高检察院司法监督的积极性，明确其监督职权是完善国家财政投入检察监督的必要内容。当然，落实与完善私权对公权的司法监督渠道，在检察行政公益诉讼中构建一个有制度保障的公众检举、控告立案制度，是降低监督成本，保证公众参与国家财政投入运行司法监督，促进廉洁政府建设和提高我国财政投入监督体系运行效率的有效方式。

检察公益诉讼确立以来，各地区检察院都在探索合理的公众检举、公告制度。四川省蒲江县人民检察院出台《公益诉讼线索举报奖励办法》以提高公众参与监督的积极性。该办法实行以来，蒲江县人民检察院先后收到群众举报线索 30 余条，其中有价值线索 20 余条，并将其中 3 名举报人聘为蒲江县人民检察院公益保护志愿者。此外，蒲江县人民检察院还积极探索构建公益诉讼协同化、社会化体系，针对性地从全县网格员中选聘 90 余名“公益保护联络员”，进行专业培训，补强社会监督。与此相似，新疆多地也依托互联网举报平台鼓励群众争当公益诉讼“监督员”。

甘肃省景泰县人民检察院专门成立公益损害与诉讼违法举报中心，聚焦公益保护和社会监督。该举报中心主要受理生态环境资源、食品药品、国有财产、国有土地使用权出让、英烈保护等领域公共利益受到损害、公安机关刑事立案活动或侦查活动存在违法情形以及人民检察院在办理案件过程中存在违法情形三类线索。

群众可以通过来访、来信、12309检察服务热线、12309网络服务平台等方式提供举报线索。对于经查实具备价值的线索，中心视情况给予举报人精神或物质奖励。

虽然各地检察院在完善公众检举、控告方面取得了诸多制度化建设成果。但相较日本的《公益通报者保护法》来说，依然存在进步空间。日本在借鉴英国1998年的《公益公开法》（Public Interest Disclosure Act）和美国1989年的《内部告发者保护法》（Whistleblower Protection Act）等保护公共利益举报人相关法律经验的基础上，于2004年6月制定了《公益通报者保护法》（2006年6月开始施行）。该法旨在保护那些为了保护公共利益而对有关单位或个人进行举报却遭到被举报人解雇、降薪或其他报复行为的举报人的利益。①

我国财税行政公益诉讼原告范围并未纳入公民个体和公益社会团体，通过前文的实证分析可知，检察机关是唯一可能提起财税行政公益诉讼的原告。为此，参照日本《公益通报者保护法》，通过明确举报和控告的法定程序、受理程序、受理后的处置程序等，来保障公众的检举、控告权，便是我国促进和实现公众参与国家财政投入司法问责的最直接路径。

本章主要从两个方面对公众参与国家财政投入监督运行的司法保障机制展开论述。一方面，全面、深入、实质的财政投入信息公开是公众参与国家财政投入监督事后问责的基础。在2019年《政府信息公开条例》修改后，我国已经建立了较为完善的信息公开司法救济体系。另一方面，司法问责也是各国实践中公众参与

① 参见胡云红：《比较法视野下的域外公益诉讼制度研究》，载《中国政法大学学报》2017年第4期。

国家财政投入监督事后问责的主要路径。我国在 2017 年修正《行政诉讼法》时，虽然加入了以检察机关为原告的行政公益诉讼制度，但并未将国家财政投入行为明确列为可诉对象。因此，司法实践只能通过对行政公益诉讼条款进行扩大解释来加以适用。同时，囿于原告资格的限制，公众无法直接参与财税行政公益诉讼程序。其参与国家财政投入司法问责的主要方式最终体现为向检察机关行使的检举、控告权。虽然我国各地检察院在改革中不断地完善公众检举、控告机制，但仍然有必要通过全国性的立法来进一步确保公众在行政公益诉讼中实现检举、控告权。

参考文献

一、著作类

[1]陈岱孙:《陈岱孙文集》(下),北京大学出版社1989年版。

[2]朱孔武:《财政立宪主义研究》,法律出版社2006年版。

[3]李海清:《权利与社会和谐——一种政治哲学的研究》,山东人民出版社2009年版。

[4]程燎原、王人博:《权利及其救济》,山东人民出版社1998年版。

[5]夏勇:《人权概念起源:权利的历史哲学》,中国政法大学出版社2001年版。

[6]张文显主编:《法理学》,高等教育出版社2003年版。

[7]刘剑文、熊伟:《税法基础理论》,北京大学出版社2004年版。

[8]刘剑文:《财税法专题研究》(第2版),北京大学出版社2007年版。

[9]汤唯、孙季萍:《法律监督论纲》,北京大学出版社2001年版。

[10]尤光付:《中外监督制度比较》,商务印书馆2003年版。

[11]刘剑文:《税法基本问题(财政宪法篇)》,北京大学出版社2004年版。

[12]徐显明:《公民权利义务通论》,群众出版社1991年版。

[13]菅从进:《权利制约权力论》,山东人民出版社2008年版。

[14]林喆等:《公民基本人权法律制度研究》,北京大学出版社2006年版。

[15]徐显明主编:《人权研究》(第2卷),山东人民出版社2002年版。

[16]刘剑文:《税法专题研究》,北京大学出版社2002年版。

[17]张文显:《法哲学范畴研究》(修订版),中国政法大学出版社2001年版。

[18]强世功:《法律的现代性剧场:哈特与富勒论战》,法律出版社2006年版。

[19]高清海:《高清海哲学文存》(第2卷),吉林人民出版社1997年版。

[20]张文显:《法学基本范畴研究》,中国政法大学出版社1993年版。

[21]刘剑文:《税法学》,北京大学出版社2010年版。

[22]范辉清主编:《法理学》,暨南大学出版社2006年版。

[23]工成栋:《政府责任论》,中国政法大学出版社1999年版。

[24]毛宏升主编:《当代中国监督学》,中国人民公安大学出版社2003年版。

[25]魏宏森、曾国屏:《系统论——系统科学哲学》,清华大学

出版社 1995 年版。

[26]张守文:《经济法理论的重构》,人民出版社 2004 年版。

[27]沈宗灵主编:《法理学自学考试指导与题解》,北京大学出版社 1999 年版。

[28]董大胜:《政府审计》,中国审计出版社 1996 年版。

[29]刘少杰:《后现代西方社会学理论》,社会科学文献出版社 2002 年版。

[30]李昌麒:《寻求经济法真谛之路》,法律出版社 2003 年版。

[31]朱孔武:《财政立宪主义研究》,法律出版社 2006 年版。

[32]葛克昌:《国家学与国家法:社会国、租税国与法治国理念》,台北,月旦出版股份有限公司 1996 年版。

[33]陈清秀:《税法总论》,台北,翰芦图书出版有限公司 2003 年版。

[34]郑玉波:《民商法问题研究(三)》,台北,三民书局 1984 年版。

[35]刘丽:《税权的宪法控制》,法律出版社 2006 年版。

[36]张文显主编:《法理学》,高等教育出版社、北京大学出版社 2007 年版。

[37]陈庆云:《公共政策分析》,中国经济出版社 1996 年版。

[38]伍启远:《公共政策》,台北,商务印书馆 1992 年版。

[39]季卫东:《法治秩序的构建》,中国政法大学出版社 1997 年版。

[40]中国大百科全书总编辑委员会《法学》编辑委员会、中国大百科全书出版社编辑部编:《中国大百科全书·法学》,中国大百科全书出版社 1984 年版。

[41]辞海编辑委员会编:《辞海》(编印本),上海辞书出版社

1980 年版。

[42]蔡定剑主编:《公众参与——欧洲的制度和经验》,法律出版社 2009 年版。

[43]周枏:《罗马法原理》,商务印书馆 1996 年版。

[44]崔裕蒙:《决策新论》,延边大学出版社 2000 年版。

[45]张维迎:《信息、信任与法律》,生活·读书·新知三联书店 2021 年版。

[46]王利明:《侵权行为法归责原则研究》,中国政法大学出版社 2003 年版。

[47]张文显:《二十世纪西方法哲学思潮研究》,法律出版社 2006 年版。

[48]杨肃昌:《中国国家审计:问题与改革》,中国财政经济出版社 2004 年版。

[49]宋世明:《美国行政改革研究》,国家行政学院出版社 1999 年版。

[50]国家行政学院国际合作交流部编译:《西方国家行政改革述评》,国家行政学院出版社 1998 年版。

[51]李响、陆文婷:《美国集团诉讼与文化》,武汉大学出版社 2005 年版。

[52]韩志弘、阮大强:《新型诉讼:经济公益诉讼的理论和实践》,法律出版社 1999 年版。

[53]张越:《英国行政法》,中国政法大学出版社 2004 年版。

[54]颜运秋:《公益诉讼理念研究》,中国检察出版社 2002 年版。

[55]沈达明:《比较民事诉讼法初论》,中信出版社 1991 年版。

[56]杨建顺:《日本行政法通论》,中国法制出版社 1998 年版。

[57]胡肖华:《宪法诉讼原论》,法律出版社 2002 年版。

[58]王新红:《经济法纠纷司法解决机制研究》,中国法制出版社 2005 年版。

[59]梁书文主编:《民事诉讼法实施问题研究》,人民法院出版社 2000 年版。

[60]范愉:《集团诉讼问题研究》,北京大学出版社 2005 年版。

[61]黄士洲:《掌握税收诉讼官司的关键——举证责任实务案例分析》,台北,元照出版有限公司 2005 年版。

[62][美]黄仁宇:《十六世纪明代中国之财政与税收》,阿风等译,生活·读书·新知三联出版社 2001 年版。

[63]周黎安:《转型中的地方政府》,上海人民出版社 2012 年版。

[64]中共中央马克思、恩格斯、列宁、斯大林著作编译局编译:《马克思恩格斯全集》(第 5 卷),人民出版社 1995 年版。

[65][法]托克维尔:《旧制度与大革命》,冯棠译,商务印书馆 1992 年版。

[66][日]北野弘久:《税法学原论》,陈刚等译,中国检察出版社 2001 年版。

[67][美]保罗·萨缪尔森、威廉·诺德豪斯:《经济学》,萧琛等译,华夏出版社 1999 年版。

[68][英]李斯特:《政治经济学的国民体系》,陈万熙译,商务印书馆 1997 年版。

[69][日]坂入长太郎:《欧美财政思想史》,张淳译,中国财政经济出版社 1987 年版。

[70]中共中央马克思、恩格斯、列宁、斯大林著作编译局编译:《马克思恩格斯全集》(第 1 卷),人民出版社 1995 年版。

[71][日]金子宏:《日本税法原理》,刘多田等译,中国财政经济出版社1989年版。

[72][英]迈克尔·莱斯诺夫等:《社会契约论》,刘训练等译,江苏人民出版社2010年版。

[73][英]霍布斯:《利维坦》,黎思复等译,商务印书馆1985年版。

[74][英]洛克:《政府论》(下篇),叶启芳等译,商务印书馆1964年版。

[75][德]诺齐克:《无政府、国家和乌托邦》,何怀宏等译,中国社会科学出版社1991年版。

[76][奥]米瑟斯:《自由繁荣的国度》,韩光明等译,中国社会科学出版社1995年版。

[77][英]弗里德利希·冯·哈耶克:《自由秩序原理》,邓正来译,生活·读书·新知三联书店1997年版。

[78][英]潘恩:《潘恩选集》,马清槐译,商务印书馆1981年版。

[79][英]安东尼·吉登斯:《民族——国家与暴力》,胡宗泽等译,生活·读书·新知三联书店1998年版。

[80][法]莱昂·狄骥:《公法的变迁·法律与国家》,郑戈、冷静译,辽海出版社、春风文艺出版社1999年版。

[81][美]罗尔斯:《正义论》,何怀宏译,中国社会科学出版社1990年版。

[82][法]卢梭:《社会契约论》,何兆武译,商务印书馆2013年版。

[83][英]霍布斯:《利维坦》,吴克峰编译,北京出版社2012年版。

[84][德]海耶克:《个人主义与经济秩序》,夏道平译,台北,

远流出版事业股份有限公司 1993 年版。

[85][美]罗兰·斯特龙伯格:《西方现代思想史》,刘北成等译,中央编译出版社 2005 年版。

[86]中共中央马克思、恩格斯、列宁、斯大林著作编译局编译:《马克思恩格斯选集》(第 3 卷),人民出版社 1995 年版。

[87][英]戴维·赫尔德:《民主的模式》,燕继荣等译,中央编译出版社 2004 年版。

[88][英]戴雪:《英宪精义》,雷宾南译,中国法制出版社 2001 年版。

[89][英]丹尼斯·C. 缪勒:《公共选择理论》,杨春学等译,中国社会科学出版社 1999 年版。

[90][美]库恩:《科学革命的结构》,金吾伦等译,北京大学出版社 2003 年版。

[91][英]丹尼斯·罗伊德:《法律的理念》,张茂柏译,新星出版社 2005 年版。

[92][德]海因茨·君特·扎维尔伯格主编:《国家财政监督——历史与现状(1714—1989)》,刘京城等译,中国审计出版社 1992 年版。

[93][英]阿蒂亚:《法律与现代社会》,范悦译,辽宁教育出版社 1998 年版。

[94][英]弗雷德里希·奥古斯特·冯·哈耶克:《自由宪章》,杨玉生等译,中国社会科学出版社 1999 年版。

[95][英]哈特:《法理学与哲学论文集》,支振锋译,法律出版社 2005 年版。

[96][英]巴克豪斯:《西方经济学史》,莫竹芩等译,海南出版社 2007 年版。

[97][法]让－雅克·卢梭:《忏悔录》,陈筱卿译,译林出版社1995年版。

[98][美]劳伦斯·M.弗里德曼:《法律制度——从社会科学角度观察》,李琼英等译,中国政法大学出版社1994年版。

[99][法]托克维尔:《论美国民主》(上),董果良译,商务印书馆1988年版。

[100][日]谷口安平:《程序的正义与诉讼》,王亚新等译,中国政法大学出版社1996年版。

[101][德]哈贝马斯:《合法化危机》,刘北成等译,上海人民出版社2000年版。

[102][美]L.L.富勒、小威廉·R.帕杜:《合同损害赔偿中的信赖利益》,韩世远译,中国法制出版社2004年版。

[103][美]波斯纳:《法理学问题》,苏力译,中国政法大学出版社2001年版。

[104][美]古德诺:《政治与行政》,王元、杨白朋译,华夏出版社1987年版。

[105][意]莫诺·卡佩莱蒂:《比较法视野中的司法程序》,徐昕等译,清华大学出版社2005年版。

[106][美]伯纳德·施瓦茨:《行政法》,徐炳译,群众出版社1986年版。

[107][英]威廉·韦德:《行政法》,徐炳等译,中国大百科全书出版社1997年版。

[108][意]莫诺·卡佩莱蒂:《福利国家与接近正义》,刘俊祥等译,法律出版社2000年版。

[109][英]丹宁:《法律的训诫》,杨百揆等译,法律出版社1999年版。

[110][日]藤仓皓一郎等主编:《英美判例百选》,段匡等译,北京大学出版社2005年版。

[111][美]罗伯特·S.平狄克、丹尼尔·L.鲁宾费尔德:《微观经济学》(中级),张军等译,中国人民大学出版社1997年版。

[112][日]松冈义正:《民事证据论》,张知本译,中国政法大学出版社2004年版。

[113][美]科恩:《论民主》,聂崇信等译,商务印书馆1988年版。

[114][法]皮埃尔·布迪厄、[美]华康德:《实践与反思:反思社会学导引》,李猛等译,中央编译出版社1998年版。

二、期刊类

[115]赵世义:《论财产权的宪法保障与制约》,载《法学评论》1999年第3期。

[116]赵长庆:《论税权》,载《政法论坛(中国政法大学学报)》1998年第1期。

[117]陈刚:《税的法律思考与纳税者基本权的保障》,载《现代法学》1995年第5期。

[118]张守文:《税权的定位与分配》,载《法商研究(中南政法学院学报)》2000年第1期。

[119]张智辉:《法律监督三辨析》,载《中国法学》2003年第5期。

[120]金太军:《政治的基本问题与中国政治体制改革》,载《文史哲》2000年第5期。

[121]张康之:《评政治学的权力制约思路》,载《中国人民大学学报》2000年第2期。

[122]吴元元:《双重结构下的激励效应、信息异化与制度安排》,载《制度经济学研究》2006年第1期。

[123]杨瑞龙:《阶梯式的渐进制度变迁模型》,载《经济研究》2000年第3期。

[124]刘剑文、李刚:《税收法律关系新论》,载《法学研究》1999年第4期。

[125]沙永福、孙静:《纳税人的权利》,载《法学杂志》1997年第1期。

[126]高健:《法律关系客体再探讨》,载《法学论坛》2008年第9期。

[127]张守文:《经济法责任理论之拓补》,载《中国法学》2003年第4期。

[128]刑会强:《财政政策与财政法》,载《法律科学》2011年第2期。

[129]杨时展:《国家审计的本质》,载《当代审计》1982年第2期。

[130]秦荣生:《公共受托经济责任理论与我国政府审计改革》,载《审计研究》2004年第6期。

[131]谢晖:《法律工具主义评析》,载《中国法学》1994年第1期。

[132]倪斐:《公共利益法律化:理论、路径与制度完善》,载《法律科学》2009年第6期。

[133]汤贡亮、刘爽:《税收基本法研究回顾与展望》,载《税务研究》2008年第1期。

[134]刘剑文、许多奇:《纳税人权利与公民的纳税意识》,载《会计之友》1999年第9期。

[135]冯海波:《国家发展战略、自主创新与税制建设》,载《税务研究》2007 年第 1 期。

[136]刘熙瑞:《服务型政府——经济全球化背景下中国政府改革的目标选择》,载《中国行政管理》2002 年第 7 期。

[137]张令杰:《程序法的几个基本问题》,载《法学研究》1994 年第 5 期。

[138]张文麒:《美国州议会的听证制度》,载《人大研究》2003 年第 8 期。

[139]谢晖:《独立的司法与可诉的法》,载《法律科学(西北政法学院学报)》1999 年第 1 期。

[140]施正文:《我国建立纳税人诉讼的几个问题》,载《中国法学》2006 年第 5 期。

[141]陈晴:《纳税人诉讼制度的域外考察及其借鉴》,载《法学评论》2009 年第 2 期。

[142]王太高:《论行政公益诉讼》,载《法学研究》2002 年第 5 期。

后　记

党的十九大报告对我国社会主要矛盾作出了新表述,中国特色社会主义进入新时代,我国社会主要矛盾已经转化为人民日益增长的美好生活需要和不平衡不充分的发展之间的矛盾,要解决新时代社会主要矛盾,亟须实现国家治理体系和治理能力现代化。国家财政投入监督制度,在实现国家治理体系和治理能力现代化过程中扮演着关键角色,国家财政投入的前期决策、中期执行乃至事后问责,都关乎国家治理体系和治理能力的有效提升。近年来,我国不少学者都对这一领域展开了精深研究,但少有研究注意到公众参与对于国家财政投入监督制度的重要意义,可以说,我国当前国家财政投入监督普遍存在公众参与不足现象。正是在这一问题意识指引下,本书从公众参与的视角,对构建和完善国家财政投入监督运行机制展开了研究，并有幸获得国家社科基金西部项目（项目号：10XFX008）的资助。借此机会，向国家社会基金委和基金项目的评审专家表示感谢。

在研究伊始，国内对公众参与国家财政投入监督的相关研究寥寥无几，这无疑增加了本书的撰写难度，对于公众为何要参与国家财政投入监督、公众参与国家财政投入监督现状、公众怎样参与国家财政投入监督以及公众参与国家财政投入监督法治化路径等问题，既有的研究并未作出全面回答。为此，本书选择对公众参与国家财政投入监督的运行机制展开研究，一方面对国家治理现代化视野下公众参与国家财政投入监督运行机制的理论基础进行诠释，以期在应然的价值层面树立公众参与财政投入监督的理念，探究其在宪法上的依据和范畴；另一方面运用规范分析和实证分析方法对公众参与国家财政投入监督的现状和运行机制进行解读与建构，有效提升国家治理体系和治理能力现代化。

随着研究的持续深入，构建整全性的公众参与国家财政投入监督运行机制逐渐成为本书的目标，然而要从公众参与角度切入国家财政投入监督制度，需要兼具财税法、经济法、民商法、行政法等诸多学科的知识，该项研究绝非一己之力可以完成，分工合作才是完成该项研究的最佳选择。于是，熟悉财税法的陆佳负责撰写本书的第三章和第四章，着力对公众参与国家财政投入监督运行机制进行顶层设计和具体制度构造；熟悉经济法和民商法的毛快负责撰写本书的第二章和第五章，既对公众参与国家财政投入监督的域外实践与本土化经验进行考察，又对司法保障公众参与国家财政投入监督运行的可能性作出探究；熟悉宪法和行政法的游伟负责撰写本书的第一章，主要从理论正当性和规范合法性等层面对公众参与国家财政投入监督的理论基础进行证成。总体来讲，本书写作思路遵循“理论基础—实证考察—机制构建—司法保障”这一逻辑，挖掘公众参与国家财政投入监督制度对于提升国家治理体系和治理能力现代化的时代意义。

本书的选题得到著名经济法学家、中国经济法学会副会长、西南政法大学经济法学院院长卢代富教授的精心指导；此外，还要感谢法律出版社的郑导、曲杰编辑对本书的修改、校对，抑或本书的形式及内容，都提出了宝贵的建议和意见，使本书最终能以更好的面目呈现于读者面前。

应当指出的是，学术研究本就是继承与创新的过程，本书的研究自不例外，它既包含了对学界前辈与同人研究成果的参考与借鉴，又包含了在此基础上我们三位合作者自己的探究、思考与体会，书虽然写就，但它的目标是否实现，只能交由读者来裁断。由于这一选题本身就比较复杂，加之写作时间跨度长，三位合作者隶属于不同学科，难免存在偏颇和纰漏之处，书中的观点也未必达到了十分成熟的地步。在此，敬请读者批评、斧正。

- 契约正义论 胡启忠 著
- 刑法科学主义初论 文海林 著
- 经济宪法学导论
  ——转型中国经济权与权力之博弈 吴 越 著
- 中国经济法的根基 王伦刚 著
- 中国农民工非正式的利益抗争
  ——基于讨薪现象的法社会学分析 王伦刚 著
- 公司经理权问题研究 杜 军 著
- 论保险代位权制度的建构
  ——以权利法定代位的制度选择为中心 黄丽娟 著
- 我国民间金融规范化的法律规制 高晋康 唐清利 等 著
- 修正金融刑法适用研究：
  立法·理论·实务 胡启忠 石 奎 等 著
- 银行监管权边界问题研究 熊 伟 著
- 金融控股公司内部治理机制研究 梁远航 著
- 城市住宅区业主自治运行实效研究
  ——基于个体决策的视角 陈 丹 著
- 遵从·背离·弥合
  ——我国中央与地方财政关系的重构 马 骁 唐清利 等 著
- 中国农民专业合作社运行的民间规则研究
  ——基于四川省的法律社会学调查 王伦刚 著
- 公私权模糊领域的合作治理研究 唐清利 著
- 民法法典化的历史追究：
  侧重于民族统一与复兴的视角展开 吴治繁 著
- 疑罪新论 金 钟 著
- 中国相互制保险公司治理的法律规制
  ——基于公司治理主体权利视角 方国春 著
- 民间金融协同规制论 林越坚 著
- 执法经济学：以转型时期的中国法治为研究对象 戴治勇 著

- 公私权模糊领域的合作治理研究　唐清利　著
- 土地利用制度变化下的乡村社会治理法律机制研究　何　真等　著
- 我国地方政府间竞争失范法律治理机制研究　刘弘阳　著
- 法人代表权限制的效力规则研究
  ——基于案例统计和两大法系的比较法研究　吴　越等　著
- 非法集资刑法应对的理论与实践研究　胡启忠等　著
- 我国食品安全治理的信任机制研究　马力路遥　著
- 民法埋藏物发现制度研究　赖虹宇　著
- 预防与纠错：刑事司法的理念　熊谋林　著
- 食品安全治理中的自律失范研究
  ——基于近十年我国重大食品安全事件实证分析　鲁　篱等　著
- 机动车强制保险赔偿制度研究
  ——兼论智能机动车强制保险的变革与展望　印　通　著
- 扇形统合
  ——县域金融治理的权力运行研究　郭　敬　著
- 劳动监察与劳动仲裁交叉职能优化的实证研究（1993～2019）　王伦刚　著
- 全球视野下的中国电力期货市场构建　唐　敏　著
- 国家治理现代化视野下公众参与国家财政投入监督运行机制研究　陆　佳　毛　快　游　伟　著